Makroekonomi

*Från teoretiska begrepp till matematiska
beräkningsbara modeller*

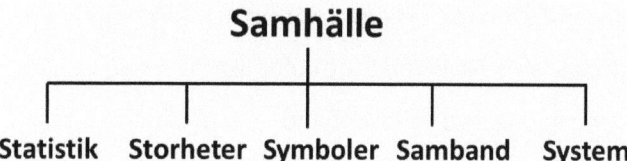

Samhälle

Statistik   Storheter   Symboler   Samband   System

Roland Karlin

INNEHÅLL

Förord

Bokens syfte och mål är att integrera flera ekonomiska perspektiv, kunskapsområden och samband för att kunna presentera en sammanhängande logisk helhetsbild av en nations samhällsekonomi på makronivå. För att göra det används matematiska samband som avstäms mot statliga myndigheters statistiska data och skattade historiska referens- och trendvärden som sammanställs med statistiska metoder (*ekonometri*). Struktur och metod bygger på uppbyggnadsprincip, från enkelt till mer komplicerat, där bokens kapitel skall kroka i varandra, för att skapa en pedagogisk röd tråd och sammanhängande berättelse.

Statiska linjära jämviktssamband verkar inom en period, och är det vanligaste sättet att presentera nationalekonomisk makroteori. *Dynamiska* linjära och icke-linjära samband verkar i flera perioder, vilket gör det möjligt att räkna på olika konjunktursituationer med jämvikt och inte jämvikt i relation till statistiska referens- och trendvärden. Dynamisk tidsfördröjd utjämningsprocess är synonymt med matematisk återkopplande anpassningsprocess som balanserar ekonomiska system mot jämvikt, prisstabilitet och full sysselsättning. Återkopplingsregler fungerar som automatiska stabilisatorer mellan perioder, som stabiliserar samhällsekonomin automatiskt mot ny jämvikt efter oförutsedda chocker och störningar som drabbar nationers ekonomier.

Boken riktar sig till alla med intresse av nationalekonomi, särskilt till de som inte bara vill läsa utan framför allt kunna räkna på en nations ekonomi. Boken fungerar även som uppslags- och exempelsamlingsbok.

Järfälla våren 2024 Roland Karlin

Symboler och notation

Symbol	Storhet	Samband
AE	Aggregerad efterfrågan	$AE = C + G + I + NX$
Y	Bruttonationalprodukt (BNP)	$Y = P \cdot Q = P \cdot (qN \cdot N)$
YP	Potentiell BNP	$YP = PP \cdot QP$
BNI	Bruttonationalinkomst (BNI)	$BNI = W \cdot N + R \cdot KP$
BNU	Bruttonationalutgift (BNU)	$BNU = PU \cdot V$
I matematiska modeller: AE = Y = BNI = BNU		

Symbol	Storhet	Samband
C	Hushållskonsumtion	$C = (h - r) \cdot H + b \cdot DI$
DI	Disponibel inkomst	$DI = Y - T + TR + OR$
G	Offentlig konsumtion	$G = G0$
I	Bruttoinvestering	$I = SB + (d + gp + rp - r) \cdot K + a \cdot (Y - YP)$
NX	Nettoexport	$NX = export (X) - import (M)$
P	Prisnivå	$P = P0 \cdot (1 + p) = W/qN + R/qK$
Q	Kvantitetsnivå	$Q = MN \cdot N + MK \cdot KP = qN \cdot N$
BNP (Y) = P · Q = P · produktion per sysselsatt (qN) · sysselsättning (N)		

Symbol	Storhet	Samband
qN	Genomsnittlig produktion per sysselsatt	$qN = Q/N$
MN	Marginell produktion per sysselsatt	$MN = (1 - a) \cdot qN$
N	Sysselsättning	$N = AK \cdot (1 - u)$
NP	Full sysselsättning	$NP = AK \cdot (1 - un)$
qK	Genomsnittlig produktion per realkapital	$qK = Q/KP$
MK	Marginell produktion per realkapital	$MK = a \cdot qK$
W	Lön per sysselsatt	$W = P \cdot MN$
R	Kapitalavkastning	$R = PP \cdot (d + gp + rp - r)$
KP	Realkapital	$KP = K/PP$
Realkapital (KP) = realkapitalvärde (K)/potentiell prisnivå (PP)		

Symbol	Storhet	Samband
u	Arbetslöshet	$u = 1 - N/AK$
un	Jämviktsarbetslöshet	$un = 1 - NP/AK$
p	Inflation	$p = pm + f \cdot (Y - YP)/YP$
pm	Inflationsmål	pm bestäms av riksbank, riksdag
r	Genomsnittlig räntenivå	$r = (k \cdot Y - PU)/(H + K)$
rp	Jämviktsräntenivå	rp skattas av myndighet
bg	Relativt BNP-gap	$bg = (Y - YP)/YP$
g	Nominell BNP-tillväxt	$g = Y(t)/Y(t-1) - 1$
gp	Potentiell nominell BNP-tillväxt	$gp = YP(t)/YP(t-1) - 1$

- Icke linjär produktionsfunktion $Q = A \cdot KP^a \cdot N^{(1-a)}$.
- Linjär produktionsfunktion $Q = MN \cdot N + MK \cdot KP = qN \cdot N$, $qN = MN + MK \cdot KP/N$.
- Finansiellt kapital (H) och realkapital (K) är tillgångar som *ger avkastning*. Bank- och eget kapital (E) är skulder som *fordrar avkastning*. Om person A har finansiell fordran på person B, så har person B finansiell skuld till person A.
- Förädlingsvärde per sysselsatt (F) = prisnivå (P) $\cdot$ qN. $Y = F \cdot N$ och $YP = F \cdot NP$ används för att härleda och beräkna inflation (p) = pm + f $\cdot$ bg och u = un − (1 − un) $\cdot$ bg. F = P $\cdot$ q = potentiell prisnivå (PP) $\cdot$ potentiell produktivitet (qp).
- $AE = C + G + I + NX = BNU = PU \cdot V = BNP = P \cdot qN \cdot N = BNI = W \cdot N + R \cdot KP$.
- Produktion (Q). Produktionsvärde (BNP = Y) per år = $P \cdot Q$
- 3A: *Antagande* (postulat), *Argumentation* (för och emot), *Acceptans* (provisoriskt).

Syfte och mål med matematiska teoretiska modeller och matematiska samband, som härleds och verifieras av statistiska data, kan sammanfattas med fem F, *förenkla, förstå, förklara, förbättra, förutsäga.*

Självbild, världsbild, nationalekonomisk bild. Bildningsprocess och livslångt lärande, innebär *befästa, ompröva eller omkullkasta* egna skapade sanningar om sig själv, världen och samhällets ekonomi. Hjärnan är inställd på att hitta sammanhang och samband, slumpmässiga sammanhangslösa delar fogas samman till en begriplig konstruerad helhetsbild. Akademiska ämnen omfattar en teori, bara så länge som den inte kan ersättas med en som är bättre. Samhällsvetenskaplig fakta är ett bedrägligt begrepp, som har en benägenhet att glida över i värdering. Behövs teoretiska matematiska modeller för att beskriva och förklara en nations ekonomi, räcker det inte att se direkt på verkligheten som den reflekteras och återges i samhällsekonomisk statistik som regelbundet publiceras per månad, kvartal och år. Immanuel Kant (1724-1804): *Erfarenhet utan teori är blind, men teori utan erfarenhet är en enkel intellektuell lek.* Att förstå och förklara vad som händer i en nations ekonomi samtidigt, med alla komplicerade beroendeförhållanden, är inte möjligt utan förenklade teoretiska matematiska modeller. En modell som återger alla detaljerna i verkligheten har man lika lite nytta av som av en karta i skalan 1:1.

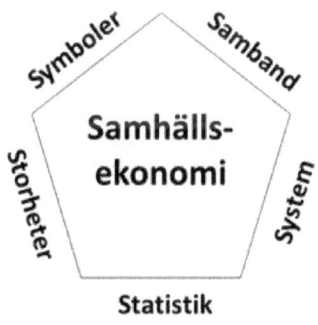

Statistik, storheter, symboler, samband, system används för att beskriva och förklara en nations samhällsekonomi.

Statistik är den kvantitativa grunden för att analysera en nations ekonomi. Statistiska metoder används för att bearbeta stora mängder data och hitta trender, mönster och samband. BNP mäts med statistik. Arbetslöshetsstatistik ger insikter om arbetsmarknadens tillstånd. Prisindex (KPI) används för att mäta inflationen.

Storheter är specifika ekonomiska mått som används för att beskriva ekonomiska fenomen. De kan vara fysiska storheter (mängd varor) eller monetära storheter (pengar).

Symboler används för att representera ekonomiska storheter på ett enkelt och systematiskt sätt. Symboler används i ekonomiska modeller för att beskriva relationer och samband.

Samband beskriver hur storheter påverkar varandra. Ekonomer använder samband för att förklara och förutsäga ekonomiska processer. Samband kan vara kausala (orsak och verkan) eller korrelerade (statistisk samvariation utan att en orsak är tydlig). Exempel på samband: (1) En positiv ekonomisk tillväxt minskar arbetslösheten, då fler människor blir anställda när produktionen ökar. (2) Centralbanker kan justera räntorna för att påverka inflationen; högre räntor minskar inflationen genom att minska konsumtion och investering. (3) En ökning i export kan leda till högre produktion och sysselsättning, medan en ökning i import kan leda till lägre inhemsk produktion och sysselsättning.

System är en uppsättning av sammanlänkade delar som tillsammans formar den ekonomiska strukturen i ett land. Ekonomiska system beskriver hur resurser fördelas, hur varor och tjänster produceras, distribueras och konsumeras, och hur beslut fattas. Ekonomiska system kan vara marknadsbaserat, myndighetsbaserat eller en blandning av dessa.

Sammanfattning: För att förstå en nations samhällsekonomi används statistik för att samla in data om ekonomiska storheter, som BNP och inflation. Symboler representerar dessa storheter i ekonomiska modeller, och samband används för att beskriva relationer mellan dessa variabler. Dessa samband är en del av ett större ekonomiskt system, som kan vara marknads- eller myndighetsbaserat, och påverkar hur resurser fördelas, hur politiska beslut tas, och hur ekonomisk utveckling sker. Alla dessa komponenter samverkar för att ge en helhetsbild av ekonomin och hur den fungerar.

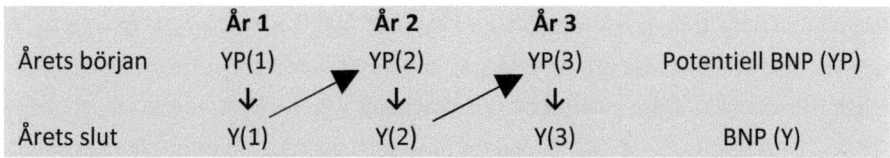

	År 1	År 2	År 3	
Årets början	YP(1)	YP(2)	YP(3)	Potentiell BNP (YP)
Årets slut	Y(1)	Y(2)	Y(3)	BNP (Y)

Potentiell BNP skattas och budgeteras ex ante (i förväg) av Konjunkturinstitutet (KI). BNP beräknas och bokförs ex post (i efterhand) av Statistiska centralbyrån (SCB). YP(1) påverkar Y(1) som påverkar YP(2) som påverkar Y(2) osv. BNP och utbudssidan inom makroekonomi är efterfrågeanpassad, aggregerad efterfrågan styr BNP men styr inte potentiell BNP.

BNP-tillväxtuppdatering: Y(t+1) = Y(t) · (1 + g), nominell BNP-tillväxt (g). Potentiell BNP-tillväxtuppdatering: YP(t+1) = Y(t) · (1 + gp), potentiell nominell BNP-tillväxt (gp), Y(t) är bokfört BNP-värde, YP(t) är potentiellt BNP-värde. BNP är statistiskt ÄR-värde, potentiell BNP är statistiskt referens- och BÖR-värde (mål- och önskat värde) då potentiell BNP antar full sysselsättning.

Realkapital (K) = ingående värde realkapital (IVK). Utgående värde realkapital (UVK) = IVK + investering (I) – depreciering (D). UVK påverkar inte årets beräkningar utan nästa års beräkningar.

Planerad investering med realkapitaltillväxt = gp, IP = (d + gp) · K. D = deprecieringstakt (d) · K, UVK = IVK + (d + gp) · K – d · K = IVK · (1 + gp). Efterfrågeberäknad investering I = (d + gp) · K + (rp – r) · K + a · (Y – YP). När r = rp, Y = YP är I = IP. Realkapitalstock (KP) är produktionsfaktor som påverkar produktion (Q), KP = K/potentiell prisnivå (PP). YP = WP · NP + RP · KP. Lön per sysselsatt (WP), kapitalavkastning (RP). YP = PP · QP. YP · (1+ gp) = PP · (1 + pm) · QP · (1 + n) · (1 + Δq %). Inflationsmål (pm), sysselsättnings- och produktivitetstillväxt (n och Δq %), Δq % bestäms statistiskt.

Produktion (Q) = total faktorproduktivitet (A) $\cdot$ KP^a $\cdot$ N$^{(1-a)}$, A(t+1) = A(t) $\cdot$ (1 + Δq %), A och produktivitetstillväxt (Δq %) bestäms statistiskt. Värdet av effektiv realkapital-stock = P $\cdot$ A $\cdot$ KP. Värdet av effektiv sysselsättning = P $\cdot$ A $\cdot$ N. Y = P $\cdot$ Q = P $\cdot$ A $\cdot$ KP^a $\cdot$ N$^{(1-a)}$ = (P $\cdot$ A $\cdot$ KP)^a $\cdot$ (P $\cdot$ A $\cdot$ N)$^{(1-a)}$. Vid beräkning av aggregerad efterfrågan används realkapital. Vid beräkning av BNI och BNP används produktionsfaktorn realkapital-stock. Viktigt att uppräknade och beräknade värden i matematiska nationella system, är logiskt konsistenta (logiskt motsägelsefria) och koherenta (sammanhängande).

Statistiska data skall approximativt korrespondera och avbilda verkliga faktiska data (så långt det är möjligt och önskvärt). Matematiskt beräknade sekundära data använder statistiska givna primära data. Med kraftfullare snabbare datorer, större och flera statistiska databaser, där statistiska data beräknas och sammanställs i olika data tabeller, så kommer sannolikt matematisk makroekonomi minska i betydelse på sikt. Dock kan matematisk makroekonomi vara till stöd och hjälp när statistiska data enligt utgifts-, inkomst- och produktionsmetod inte överensstämmer med varandra.

Exogena makrostorheter anges ex ante. Endogena makrostorheter beräknas ex post. In- och utgående värden (IV och UV), produktions- och utbudsberäknad potentiell BNP och BNP, inkomstberäknad BNI, efterfrågeberäknad AE, allt integreras i matematiska makroekonomiska modeller.

I en matematisk IS-LM-PC modell är AE- och räntesamband (IS-LM) primära samband, inflations- och arbetslöshetssamband (PC) är sekundära samband. (1) Beräkna (AE), (2) beräkna räntenivå (r), (3) beräkna inflation (p) och arbetslöshet (u). Officiell statistisk myndighetsdata kan analyseras, tolkas och förklaras med meningsskapande inofficiell matematisk makroekonomi.

Inledning

Makroekonomi, hur man beräknar en nations bruttonationalprodukt (BNP), kan göras utan förkunskaper i ämnet makroekonomi. På makroekonomisk nivå används enhet miljarder kronor förkortas mdkr. Tusen miljoner kronor är en miljard kronor. Sverige är indelat i 21 regioner (tidigare landsting) och 290 kommuner. Genomsnittlig BNP per region = BNP/21 och genomsnittlig BNP per kommun = BNP/290.

BNP mdkr	År	Kvartal	Månad	Dag
Nation	5 000	1 250	417	13,7
Region	238	59,5	19,8	0,65
Kommun	17	4,3	1,4	0,047

Genomsnittlig BNP per kommun och dag är 0,047 mdkr = 47 miljoner kr per dag, och per timme 1,96 miljoner kr. En nation med årlig BNP på 5 000 mdkr, tio miljoner invånare och fem miljoner sysselsatta, betyder att BNP per invånare = 500 000 kr och BNP per sysselsatt = 1 miljon kr. BNP beräknas med tre statistiska metoder, utgifts-, inkomst- och produktionsmetod. Utgiftsmetoden är vanligast, visas nedan:

Konsumtion (C)	2 250 mdkr
Investering (I)	1 250 mdkr
Offentlig utgift (G)	1 300 mdkr
Export (X)	2 400 mdkr
Import (M)	- 2 200 mdkr
BNP (Y)	**5 000 mdkr**

Bokstavssymbolräkning (algebra) är vanligt förekommande i ämnet makroekonomi, BNP kan definieras och beräknas med algebra: $\underline{Y = C + I + G + X - M}$, är identiskt med föregående sidas tabelluppställning. Engelska beteckningar Consumption (C) + Investment (I) + Government (G) + Export (X) – Import (M) = Yield (Y). Att mäta och beräkna BNP följer internationella konventioner, definitioner och föreskrifter. 1950-talet är upptakt och genombrottstid för modern definition och användning av BNP, främst för länder i Västeuropa, Norden och Nordamerika.

1969 utdelades för första gången Sveriges riksbanks pris i ekonomisk vetenskap till Alfred Nobels minne, vilket innebar ett mycket stort statuslyft för ämnena national-ekonomi och politisk ekonomi. Politisk ekonomi, arbetsmarknads-, finans- och pen-ningpolitik påverkar en nations BNP-nivå och BNP-tillväxt. Hög prisnivå (*hög inflat-ion*) och hög sysselsättningsnivå (*låg arbetslöshet*) leder till hög nominell BNP-nivå. Låg prisnivå (*låg inflation*) och låg sysselsättningsnivå (*hög arbetslöshet*) leder till låg nominell BNP-nivå. Real BNP är nominell BNP utan årets prisuppräkningar (inflation), real BNP är ett bättre produktions- och sysselsättningsmått än nominell BNP som inkluderar löpande årets inflation och relativa allmänna prisökningstakt.

Att mäta, redovisa och analysera BNP-nivå, BNP-tillväxt, inflation och arbetslöshet är viktigt och centralt inom makroekonomi. Inom media publiceras och kommente-ras även skatte- och räntenivåer i samhället. Genom att justera skatte-, ränte- och offentlig utgiftsnivå så påverkas BNP-nivå, BNP-tillväxt, inflation och arbetslöshet.

För att få en uppfattning om värdet av statistiska måtten BNP, tillväxt, inflation, ar-betslöshet, räntenivå så används statistiska referensmått som potentiell BNP, poten-tiell tillväxt, inflationsmål, jämviktsarbetslöshet och neutral jämviktsränta. Samhälls-ekonomisk jämvikt (idealt önskat tillstånd) definieras statistiskt när Y = YP, Y mäts av statistiska centralbyrån och YP skattas av konjunkturinstitutet. Avvikelse mellan Y och YP = BNP-gap, är en indikator, som indikerar i vilken konjunkturcykelfas som samhället befinner sig i, låg-, balanserad- eller högkonjunktur. BNP-beräkningar kan vara synonymt med välstånds- och välfärdsberäkningar. Välstånd inriktat mot pro-duktion, produktionsmöjligheter (potentiell BNP), produktionsutnyttjande och lev-nadsstandard, välfärd inriktat mot fördelning och livskvalitet. En grov skattning, *BNP är indikator på välstånd, BNP per invånare är indikator på välfärd*, hur BNP genom-snittligt fördelas per nationens medborgare. Det är lätt att beskriva och beräkna BNP, det räcker med bokförd statistik och enkel kalkylering. För att kunna analysera, förklara och förutsäga en nations ekonomi på makro nivå, måste man ha bredare och djupare insikt och förståelse för hur makroekonomiska storheter samverkar och på-verkar varandra i ett ekonomiskt politiskt system, det är bokens syfte och mål att med matematiska metoder ge Dig som aktiv läsare, möjligheter att själv kunna räkna, analysera, förklara och prognostisera en nations ekonomi över t.ex. två politiska mandatperioder på åtta år, som kan sammanfalla med en konjunkturcykellängd.

Matematisk makroekonomi beskriver politisk makroekonomi i kvantitativa enheter. Matematiska data i formulerade matematiska samband, är beroende av politiskt styrda myndigheters statistiska data. Politisk makroekonomi, styr via myndigheters statistiska data, den matematiska makroekonomiska beskrivningen av politisk mak-roekonomi, en slags rundgång och cirkelresonemang (ömsesidigt beroende).

Hushålls- och offentlig ekonomi har mycket gemensamt beträffande budgetering av inkomster och utgifter. Hushållens och offentlig inkomst- och utgiftsbudget, har samma mål, att balansera inkomster och utgifter på lång sikt, med undantag av små avvikelser på kort sikt som kan täckas tillfälligt av sparade eller lånade likvida medel. Budget och sannolikhetsräkning sker ex ante (i förväg). Bokföring och statistisk bear-betning sker ex post (i efterhand).

- Offentligt finansiellt sparande (OFS) = T − G − OR
- Skatt (T) = skattenivå (t) · BNP
- Offentlig konsumtion (G) = utgiftsnivå · potentiell BNP
- Offentlig ränta (OR) = statslåneränta (rs) · offentlig skuld (OS)
- Potentiell BNP med full sysselsättning är statistisk målvariabel

G och t bestäms ex ante, T beräknas ex post. Finansdepartementet (FD) får statistiska data från SCB och YP-data från KI. FD kan budgetera G som andel av YP. Anta G:s

BNP-andel de senaste fem åren har legat i intervall 0,26 - 0,28, i uppåtgående trend 0,260 – 0,265 – 0,270 – 0,275 – 0,280. G som andel av YP, G = 0,28 · 5 000 = 1 400, OR = rs · OS = 2 % · 1 500 = 30, t = (G + OR)/YP = (1 400 + 30)/5 000 = 0,286.

- Y = 4 895 → T = 0,286 · 4 895 = 1 400 → OFS = - 30
- Y = 5 000 → T = 0,286 · 5 000 = 1 430 → OFS = 0
- Y = 5 105 → T = 0,286 · 5 105 = 1 460 → OFS = + 30
- OFS = - 30, budgetunderskott/Y = -30/4 895 = - 0,61 %
- OFS = 0, budgetbalans/Y = 0/5 000 = 0,00 %
- OFS = +30, budgetöverskott/Y = 30/5 105 = 0,59 %

BNP-gap = Y – YP:

- 4 895 – 5 000 = -105, t · (Y – YP) = 0,286 · -105 = -30
- 5 000 – 5 000 = 0, t · (Y – YP) = 0,286 · 0 = 0
- 5 105 – 5 000 = +105, t · (Y – YP) = 0,286 · 105 = +30
- Låg konjunktur: Y < YP, N < NP. Balanserad konjunktur: Y = YP, N = NP. Hög konjunktur: Y > YP, N > NP. *BNP-gap påverkar offentligt budgetgap (T – G – OR)*

Räntenivån (r) påverkar storlek på BNP (Y), Y = A – B · r:

- Y = 5 406 – 12 500 · 4,09 % = 4 895
- Y = 5 406 – 12 500 · 3,25 % = 5 000
- Y = 5 406 – 12 500 · 2,41 % = 5 105

Efterfrågestorhet (A), kapitalstorhet (B). Med återkopplingsregler för ränte- och skattenivån kan regering och riksdag, samt riksbank och banker justera ränte- och skattenivån ex post, så att BNP på sikt balanserar mot potentiell BNP. Samhällsekonomisk jämvikt definition: Y = YP, sysselsättning = full sysselsättning och arbetslöshet =

jämviktsarbetslöshet. De beskrivna offentliga ekonomiska beräkningarna sker med enkel matematik och grundläggande kunskap i offentlig makroekonomi.

Algebra hanterar 5S: Statistik, Storheter, Symboler, Samband, System. Statistisk identitet: Y = C + I + G + X – M, omformuleras matematiskt till Y = A – B · r. *Återkopplingsregel ≈ automatisk stabilisator (utjämning sker mellan perioder).*

- Återkopplingsregel skatt: t(t+1) = t(t) - vikt · OFS(t)/[G(t) + OR(t)]
- Återkopplingsregel ränta: r(t+1) = r(t) + vikt · [p(t) – pm]
- t(t+1) = 0,286 - 0,50 · -30/1 430 = 0,296
- r(t+1) = 4,09 % + 0,50 · (1,349 % - 2 %) = 3,76 %

Inflation, inflationsmål = 2,00 %, riksbankens mål och ansvar är att bevara pengarnas köpkraft, med inflationsmål på två procent, minskar pengarnas köpkraft med två procent per år, en krona idag är värd 0,98 kronor om ett år. National-, makro-, politisk- och offentlig ekonomi är nästan synonyma begrepp, de har mycket gemensamt beträffande syfte och mål. Aktuell och potentiell efterfrågan, aktuellt och potentiellt utbud. Aktuell efterfrågan = A – B · r. Potentiell efterfrågan = A – B · jämviktsräntenivå (rp). När r = rp är aktuell och potentiell efterfrågan lika. Aktuellt utbud (Y) = W · N + R · K, potentiellt utbud (YP) = W · NP + R · K. När N = NP är Y = YP.

Räntenivån påverkar efterfrågenivå, sysselsättningsnivån påverkar utbudsnivå. Pris på sysselsättning är lön (W), pris på kapital är avkastning (R). Total arbetsinkomst = W · N och total kapitalinkomst = R · K. Penningmängd i samhället påverkar räntenivån, ökar penningmängd så minskar räntenivån, minskar penningmängd så ökar räntenivån. Penningmängd påverkar pris på sysselsättning och kapital. Pengar i samhället cirkulerar och återanvänds flera gånger per år, penningmängd · penningmängdens omloppshastighet (V) = samhällets utgifter per år = prisnivå (P) · antal köpta/sålda varor och tjänster per år (Q). Penningutbud (PU) = penningmängd, PU · V = P · Q = BNP.

Sysselsättning (N), ränta (r), pengar (PU) är delar i integrerat nationellt ekonomiskt system, PU påverkar r och r påverkar N. Penningmängd består av centralbankspengar (mynt och sedlar) och bankkreditpengar som är den största andelen. PU ökar med nya centralbankspengar och utökade kreditmöjligheter och kreditlättnader för banker. Om ränta = (k · BNP − PU)/kapital, anta k = 0,14, BNP = 5 000, K = 10 000, vad blir räntenivån (r) om PU = 300, 400, 500 då blir r = 4,00 %, 3,00 %, 2,00 %. Aktuell efterfrågan (AE) = A − B · r, A = 5 375, B = 12 500, med r = 4,00 %, 3,00 %, 2,00 % blir AE = 4 875, 5 000, 5 125.

Efterfrågefunktionen AE = A − B · r har större relevans och acceptans än räntefunktionen r = (k · BNP − PU)/K som under 2000-talet har ersatts av ränteregel som används av världens centralbanker. I en räntefunktion är räntan en endogen storhet (beräknas) och i en ränteregel kan räntan betraktas som exogen storhet (given av myndighet, mer statistik än matematik).

När BNP ökar så ökar sysselsättning och arbetslöshet minskar. Lön regleras i lag och avtal (löneförhandling mellan arbetsmarknadens parter). Realkapital är fast på kort sikt och sysselsättning är rörlig på kort sikt. Kvoten mellan produktion och sysselsättning, minskar när N ökar, vilket ökar prisnivån och inflationen i samhället. Trots otaliga produktivitetskommissioner, delegationer och utredningar under flera decennier, så har man inte kunnat bestämma något exakt beräkningssätt för produktivitet.

Genomsnittlig produktion per sysselsatt (qN) = produktion (Q)/sysselsättning (N), med tre mått på Q = {4 100, 4 000, 3 900} och N = {5 156, 5 000, 4 844} blir qN = {0,795, 0,800, 0,805}, avtagande produktivitet per sysselsatt. När sysselsättning ökar så ökar arbetsinkomstens BNP-andel och kapitalinkomstens BNP-andel minskar. Lön (W) = förväntad prisnivå · arbetsinkomstens BNP-andel · förväntad genomsnittlig produktion per sysselsatt, lönen förändras här med förändring i arbetsinkomstens BNP-andel. Realkapital, avkastning och genomsnittlig produktion per realkapital (qK) antas vara fast på kort sikt.

Prisnivå funktion (P) = W/qN + R/qK, R/qK = 0,25 antas vara fast på kort sikt. Tre mått på W = {0,805, 0,800, 0,795} och qN = {0,795, 0,800, 0,805} ger tre mått på P = {1,262, 1,250, 1,237}. Om P = 1,225 vid årets början, kan tre mått på inflation (p) beräknas genom att dividera de tre måtten på P med 1,225, (P/1,225 − 1) = {3 %, 2 %, 1 %}. Genom att kombinera flera funktioner i en matematisk modell, kan olika makroekonomiska nyckeltal beräknas, som senare kan utvärderas mot statistiska myndighetsdata.

- BNP (Y) = prisnivå (P) · produktion (Q) = P · qN · N
- BNP = lön (W) · sysselsättning (N) + avkastning (R) · realkapital (KP)
- BNP = penningutbud (PU) · omloppshastighet (V)
- BNP = aggregerad efterfrågan (AE) = C + G + I + NX
- AE = mp · [A0 − r · (H + K)], multiplikator (mp), A0 = C0 + I0 + G0 + X0 − M0, räntenivå (r), finansiellt kapital (H), realkapitalvärde (K), AE = A − r · B där A = mp · A0, B = mp · (H + K)

Penningmängd (PU) påverkar räntenivå (r), r påverkar sysselsättning (N), N påverkar arbetslöshet (u) = 1 – N/arbetskraft (AK). I lågkonjunktur minskar N, i högkonjunktur ökar N, i balanserad konjunktur antas N = NP. Om arbetsgivare har stor arbetskraftsefterfrågan men arbetskraften är inte tillräckligt kvalificerad, så är det ett strukturellt problem och inte ett konjunkturellt problem. Strukturella problem kräver mycket utbildning (kanske tio år) och inte räntereglering.

Prioriterade makroekonomiska storheter är sysselsättning (N) och hushållens privata konsumtion (C), även hushållens kollektiva konsumtion (G) är viktig. Konsumtion (C och G) är viktigare än bruttoinvestering (I) på kort sikt, sysselsättning (N) är viktigare än realkapital (K) på kort sikt. Tillväxt, inflation och ränta uppdateras kontinuerligt och parallellt per dag under ett år. Årstillväxt 3 % motsvarar tillväxtfaktor 1,03, kvartalstillväxt 0,74 % motsvarar tillväxtfaktor 4,07, månadstillväxt 0,25 % motsvarar tillväxtfaktor 12,19, veckotillväxt 0,06 % motsvarar tillväxtfaktor 52,79, dagtillväxt 0,01 % (1 räntepunkt) motsvarar tillväxtfaktor 370,46. Om BNP föregående år är 4 854 miljarder kr (mdkr), årstillväxt 3 %, BNP aktuellt år = 4 854 · 1,03 = 5 000 mdkr. Om BNP dag 365 föregående år är 13,1 mdkr så blir BNP dag 365 aktuellt år = 13,1 · 1,03 = 13,49 mdkr, BNP aktuellt år = 13,49 · 370,46 = 5 000 mdkr.

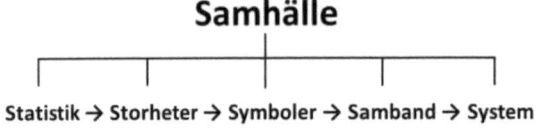

Statistiska storheter, symboler och samband, avbildar nationella samhällsekonomiska system.

Akademisk makroekonomisk teori, är beroende av statistiska data, teorier och metoder (ekonometri). Naturvetenskaplig kunskap är empiriskt grundad. Samhällsvetenskaplig kunskap är statistiskt grundad. Humanvetenskaplig kunskap är dialektisk och hermeneutisk grundad.

Storhet	Statistiskt	Teoretiskt
C	$C = PC \cdot QC$	$C = C0 + b \cdot (Y - T) - r \cdot H$
I	$I = PI \cdot QI$	$I = I0 + a \cdot Y - r \cdot K$
G	$G = PG \cdot QG$	$G = G0$
X	$X = PX \cdot QX$	$X = X0$
M	$M = PM \cdot QM$	$M = M0 + m \cdot Y$
Y	$Y = P \cdot Q$	$Y = C + I + G + X - M$

Konsumtion (C) = pris konsumtionsvara (PC) · kvantitet konsumtionsvara (QC), pris (P) och kvantitet (Q), lika för alla storheter ovan. Varuutbyte (prestation) och penningutbyte (motprestation). Prissatt varumängd (VM) · varumängdens omloppshastighet (VMOH) = penningmängd (PM) · penningmängdens omloppshastighet (PMOH). Om VM = 14 mdkr, VMOH = 360, PM = 420 mdkr, PMOH = 12, VM · VMOH = PM · PMOH = 5 040 mdkr. VM · VMOH = PM · PMOH är ingen teori utan är en identitet.

Då-, nu- och framtid är kända tidsbegrepp. Närtid (kort tid) och fjärrtid (lång tid) är ovanliga tidsbegrepp. Framtidsdatum (FD), nutidsdatum (ND), ND år 1 – FD år 1 = närtid, ND år 1 – FD år 4 = fjärrtid. Dåtid, nutid, framtid är tidpunkter och tidshändelser, närtid och fjärrtid är tidsperioder och tidsflöden. Pekuniär ränta = procentuell ränta · (ND – FD)/360 dagar · kapital. BNP mäts i närtid, BNP startar varje nytt år från noll och växer successivt fram till årets sista dag. Tid mäts med kronometer (klocka) och används som parameter parallellt med beroende och oberoende storheter. Om penningefterfrågan (PE) > penningutbud (PU), penningdifferens (PD) = PE – PU, när ekonomin och BNP växer, växer upplupen kapitalränta, PE = PU + upplupen kapitalränta.

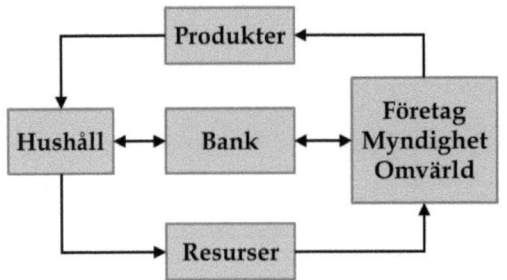

Produkter är privata och kollektiva varor och tjänster. Resurser är arbetskraft och realkapital. Aktörer är hushåll, företag, myndigheter, banksektor och utländska intressenter där handelsutbyte sker med import och export.

Statistiskt approximativt gäller: $(C + G)/AE = (W \cdot N)/BNP$ och $(I + NX)/AE = (R \cdot K)/BNP$. Privat och kollektiv konsumtion $(C + G)$ är drygt 70 % av aggregerad efterfråga (AE), bruttoinvestering och nettoexport $(I + NX)$ är knappt 30 % av AE. Lön per sysselsatt (W), sysselsättning (N), nationell arbetsinkomst $= W \cdot N$, procentuell avkastning (R), realkapitalvärde (K), nationell kapitalinkomst $= R \cdot K$, nationell produktionsinkomst = BNP. Pengar är absolut köpkraftsmått. Växelkurs är relativt köpkraftsmått. Inflations- och räntedifferenser mellan nationer, påverkar nationers valutor och växelkurs. Teoretiskt används inte kort konsumtionsränta och lång investeringsränta, utan en gemensam räntenivå används för att beräkna konsumtion och investering.

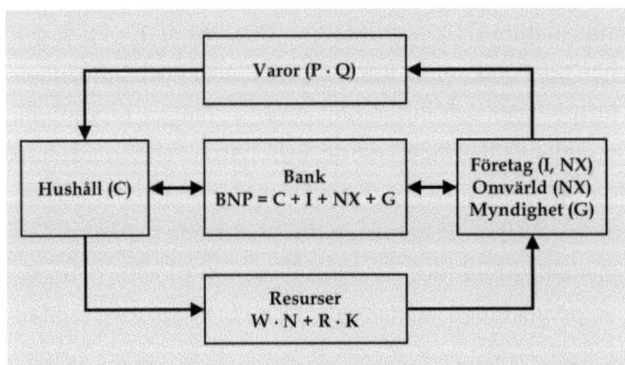

Enkelt ekonomiskt kretslopp, $BNP = AE = C + I + NX + G = P \cdot Q = W \cdot N + R \cdot K$.

1 MATEMATIKENS BEGRÄNSNING OCH POTENTIAL

Matematik verkar inte av egen kraft i ett vakuum, utan påverkas och är beroende av sin omgivning. Sverige är ett land bland 33 länder som ingår i OECD (Organisation for Economic Co-operation and Development). Internationella konventioner, definitioner och ramverk påverkas av politiska ideologier, etik, kunskapssyn och verklighetsuppfattning. Internationella regler och ramverk begränsar matematikens verkan, aktionsradie och frihetsgrader.

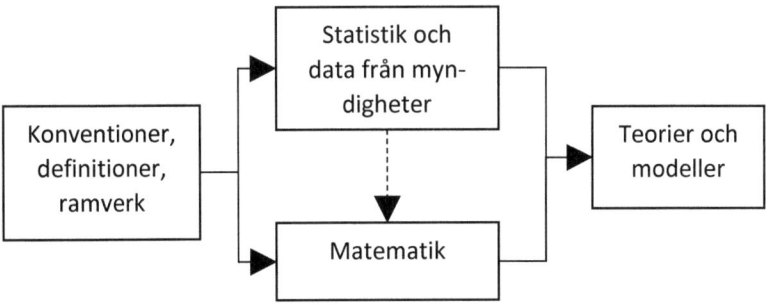

Enligt bilden ovan får matematik en underordnad roll. Inom samhällsvetenskap så påverkar statistik och statistiska data från myndigheter hur matematiken formulerar samband utifrån det statistiska dataunderlaget. *Statistik ger information och matematik ger kunskap och förklaring.* Ett matematiskt samband blir en teori när internationella forskarvärldens representanter accepterar sambandet som allmängiltig teori. Matematiska logiska formuleringar med hög trovärdighet, hög validitet (allmängiltighet, generell kunskap) och hög reliabilitet (pålitlighet, träffsäkerhet) kan accepteras som en teori (kan revideras i framtiden).

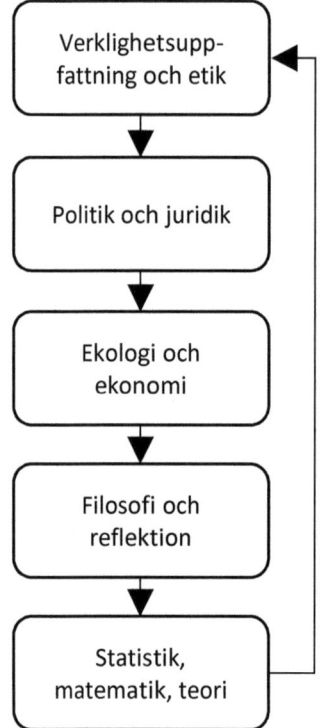

Återkopplande läroprocess, rätt återkoppling utvecklar lärandet. Statistisk korrelationsanalys (samvariation) och matematisk kausal analys (orsak och verkan), analyserar samband mellan beroende storhet (Y) och hur den förändras när en eller flera oberoende storheter förändras. En funktion med en oberoende storhet $Y = m + k \cdot X$. En funktion med flera oberoende storheter $Y = m + k1 \cdot X1 + k2 \cdot X2 + \ldots + kn \cdot Xn$. Statistik inom samhällsvetenskap och empirisk forskning inom naturvetenskap, ger indata som används i matematiska och teoretiska modeller för beräkning, fördjupad analys och återkoppling.

En matematisk modell kan innehålla flera teorier som sysselsättningsteori, pristeori, produktionsteori, ränteteori, teorier om hur efterfrågan och utbudet påverkas av pris och prissättning på olika marknader och där pris- och kvantitetsdifferenser utjämnas dynamiskt i anpassningsprocesser mot jämviktspris och jämviktsvolym. I en modell kan olika scenarier simuleras, som till exempel hur hög och låg räntenivå påverkar nationens BNP, tillväxt, inflation och arbetslöshet. Det finns olika slag av matematik, statisk matematik är tids oberoende och dynamisk matematik är tidsberoende, samt matematik anpassat efter människor och maskiner.

- Resonemangsmatematik (antagande)
- Bokstavs- och symbolisk matematik (algebra)
- Beräkningsmatematik (aritmetik)
- Programmerad matematik (algoritm)
- Reflexiv matematik (analys)

1:1 Procent och procentenhet

Nationalekonomi använder grundläggande aritmetisk matematik, där särskilt procenträkning dominerar. Logiska resonemang presenteras med algebraiska symboler, pildiagram och orsakskedjor, vilket ger överblick och underlättar för matematisk formulering och beräkning, särskilt viktigt är reflektion, efterbearbetning och konstruktiv analys med syfte och mål att förbättra resonemang och beräknade resultat. Logisk orsakskedja (orsakssekvens): A → B → C → D → ekonomi (E).

En liknelse om *förklaring och förklaringsförmåga*, ungefär en tiondel av volymen på ett isberg är synligt ovanför vattenytan, resterande del är dolt och syns inte. Matematisk nationalekonomi är anpassat för och inriktat mot att beskriva ekonomin på övergripande nationell makronivå, vilket förklarar ungefär en tiondel av samhällets ekonomi på mikro- och detaljnivå.

Arbetslöshet (u) mäts och beräknas i procent, u = 8 % betyder att arbetslösheten i samhället är åtta procent. Statistiskt definieras arbetslöshet = 1 − sysselsättning/arbetskraft, u = 1 − N/AK, förmodligen makroekonomins viktigaste samband. Procentuell förändring av arbetslöshet, Δu % = $\Delta u/u$, symbolen Δ betyder förändring. Om arbetslöshetsförändring (Δu) är två procentenheter och ursprunglig arbetslöshet (u) är åtta procent, blir procentuell förändring av arbetslöshet, Δu % = $\Delta u/u$ = 2 % / 8 %

= 25 %.   Arbetslösheten i samhället ökar med 25 % från u = 8 % till u = 10 %, diffe-
rensen mellan 10 % och 8 % är två procentenheter. Differens mellan två procenttal
anges i procentenheter. Ursprungligt procenttals förändring, beräknas med procent,
till exempel 8 % · (1 + 25 %) = 10 %. Från 8 % till 10 % är ökning med 25 % eller två
procentenheter.

- *Arbetslöshet (u) är lägesstorhet = 1 – N/AK i en period*
- *Arbetslöshetsförändring (Δu) är hastighetsstorhet mellan två tidpunkter*
- *Accelererad arbetslöshetsförändring (ΔΔu), flera tidpunkter*

Synonymer till procenträkning är handels-, andels-, fördelnings-, tillväxt- och föränd-
ringsräkning. Enkel procenträkning sker i ett steg, komplicerad procenträkning sker i
flera steg. Dynamiska förändringsprocesser relaterar till olika tidpunkter och tidspe-
rioder. In- och utgångsvärde (IV och UV) är värden vid en periods början och slut.

- IV u(0) och UV u(0) = in- och utgångsvärde arbetslöshet period 0.
- Arbetslöshetsförändring (Δu) i tidsperiod mellan IV och UV.
- Förändring av arbetslöshetsförändring (ΔΔu).

IV u = 8 %, Δu = 2 % och ΔΔu = 2 %, nu kan arbetslöshet beräknas i flera perioder.
Enkel differens (Δu) och dubbel differens (ΔΔu). IV u(0) = 8 %, UV u(0) = IV u(0) + Δu
= 8 % + 2 % = 10 %. UV u(1) = IV u(0) + Δu + (Δu + ΔΔu) = 8 % + 2 % + (2 % + 2 %) = 14
%, uppräkning sker i procentenheter. Arbetslöshet är lägesstorhet, arbetslöshetsför-
ändring är hastighetsstorhet, förändring av arbetslöshetsförändring är accelerations-
storhet. Beräkning med procent istället för procentenheter, UV u(1) = IV u(0) · för-
ändringsfaktor (0) · förändringsfaktor (1) = 8 % · (1 + 25 %) · (1 + 40 %) = 14 %.

Aritmetik är numerisk räkning. Algebra är bokstavsräkning. Med logisk matematisk
bevisföring (härledning) formuleras generella samband som skall gälla allmänt och
inte bara i specifika fall. Från aritmetik via logik till algebra. Arbetslöshet uppdateras

av arbetslöshetsförändring som uppdateras av arbetslöshetsacceleration. Accelerationen är förändring av förändringen. IV u(0) = 8 %, Δu = 2 %, UV u(0) = 10 %. IV u(1) = 10 %, Δu + ΔΔu (2 % + 2 %), UV u(1) = 14 %. Beräkning av arbetslöshet i upprepade återkopplande steg, rekursiv räkning, datoralgoritmer är programmerad för rekursiv räkning. UV (u) = IV (u) + Δu, och UV (Δu) = IV (Δu) + ΔΔu. Generell kumulativ lösning: UV u(t) = IV u(0) + Δu · (t + 1) + ΔΔu · (0,50 · t + 0,50 · t^2), tecknet ^ betyder upphöjt till. Detta är exempel på differensekvationslösning. Bokförd dynamisk förändringsprocess för u: UV u = IV u + aktuell Δu, och aktuell Δu = föregående Δu + ΔΔu. *Exempel IV u(0) = 8 %, Δu = 1 %, ΔΔu = 0,50 % beräkna UV u(3).*

Period	IV u	Δu	ΔΔu	UV u
0	8,00 %	1,00 %	0,00 %	9,00 %
1	9,00 %	1,00 %	0,50 %	10,50 %
2	10,50 %	1,50 %	0,50 %	12,50 %
3	12,50 %	2,00 %	0,50 %	15,00 %

UV u(3) = IV u(0) + Δu · (t + 1) + ΔΔu · (0,50 · t + 0,50 · t^2) = 8,00 % + 1,00 % · 4 + 0,50 % · (0,50 · 3 + 0,50 · 9) = 15,00 %. Arbetslöshet kan beräknas i en autoregressiv process u(t) = faktor 1 · u(t-1) + faktor 2 · u(t-2) + faktor 3 · u(t-3). *Auto* (automatiskt), *regressiv* (tillbakablickande), autoregressiv (AR) = automatiskt tillbakablickande, arbetslöshet idag bestäms av historiska värden på arbetslöshet från tidigare perioder. Exempel från tabell, 15 % = 0,65 · 12,5 % + 0,42 · 10,5 % + 0,27 · 9 %. AR(3)-funktion har tre historiska värden, faktor 1-3 dator beräknas. Under pandemin år 2020-2021, ökade arbetslöshet, från IV u(2020) till UV u(2021), med arbetslöshetsförändringshastighet och arbetslöshetsförändringsacceleration. Samma resonemang och räkning används för att beräkna inflation (p).

- IV p(0) och UV p(0) = in- och utgångsvärde inflation period 0.
- Inflationsförändring (Δp) under tidsperiod mellan IV och UV.
- Förändring av inflationsförändring (ΔΔp).

Anta IV p(0) = 2 %, Δp = 1 %, ΔΔp = 0,50 %, beräkna UV p(3). UV p(3) = IV p(0) + Δp · $(t + 1) + ΔΔp · (0,50 · t + 0,50 · t^2)$ = 2 % + 4 · 1 % + 0,5 % · (0,5 · 3 + 0,5 · 9) = 9 %.

Period	IV p	Δp	ΔΔp	UV p
0	2,00 %	1,00 %	0,00 %	3,00 %
1	3,00 %	1,00 %	0,50 %	4,50 %
2	4,50 %	1,50 %	0,50 %	6,50 %
3	6,50 %	2,00 %	0,50 %	9,00 %

Sverige har inflationsmål på två procent per år, motsvarar inflation per månad på 0,165 %. År 2022 hade Turkiet årsinflation 64 %, och månadsinflation 4,21 %. Anta en nation i årsperiod 1 har 6 % inflation, som minskar med två procentenheter per år för de två kommande åren, då blir procentuell prisökningstakt för tre år 1,06 · 1,04 · 1,02 − 1 = 12,44 %, *inflation på inflationseffekt*, fungerar matematiskt lika med ränta på ränta effekt.

Matematisk räkning utan teori ger inga förklaringar till hur förändringar påverkar storheter. Matematisk räkning med teori ger förklaringar till hur förändringar uppstår och verkar samt hur de påverkar storheter i ekonomiska system, kallas för *meningsskapande matematik*.

1:2 Samband inflation (p) och arbetslöshet (u)

Sen slutet av 1950-talet har stort intresse och möda ägnats åt att forska och försöka fastställa sambandet mellan inflation och arbetslöshet, något fullständigt vetenskapligt forskningsresultat har inte presenterats ännu. Inflation är allmän procentuell prisökningstakt i samhället, ingående prisnivå period 0 = P(0), utgående prisnivå period 0 = P(0) · (1 + p).

Samhället har ett institutionellt politiskt inflationsmål på två procent per år. Arbetslöshet (u) = 1 – sysselsättning (N)/arbetskraft (AK), detta är ingen teoretisk funktion utan en statistisk identitet, u, N och AK mäts av SCB. Jämviktsarbetslöshet och full sysselsättning mäts av konjunkturinstitutet (KI), un = 1 – NP/AK.

Milton Friedman fick år 1976 Sveriges riksbanks pris i ekonomisk vetenskap till Alfred Nobels minne. NAIRU (Non-Accelerating Inflation Rate-of-Unemployment) översätts på svenska till jämviktsarbetslöshet, Friedmans begrepp NAIRU = un. Inflationsförändring (Δp) är funktion av arbetslöshetsförändring (Δu), ökar Δu så antas att Δp minskar, minskar Δu så antas att Δp ökar. Utgående inflation = ingående inflation – faktor · (u – un).

Riksbanken har ett officiellt explicit inflationsmål, om statistisk korrelation mellan inflation och arbetslöshet är mycket stor, så har riksbanken ett inofficiellt implicit arbetslöshetsmål (ta hänsyn till arbetslöshet).

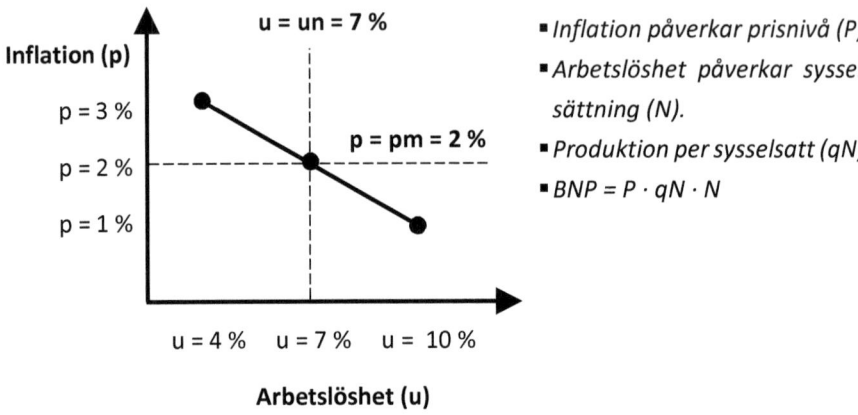

Diagrammet ovan visar negativt linjärt samband mellan inflation och arbetslöshet, p = 4, 33 % - 1/3 · u, om u = 4 % är p = 3 %, om u = 7 % är p = 2 %, om u = 10 % är p = 1 %. Vid stagflation, betyder samtidig stagnation och inflation, så gäller inte tidigare samband, utan omskrivs till p = 4,33 % - 1/3 · u ± utbudschock i %. Anta en ekonomi i balans på nationell nivå, p = pm = 2 % och u = un = 7 %, plötsligt inträffar en olje- eller energikris, naturkatastrof, krig, övrig kris vilket ger en utbudschock och generell procentuell prisökning på 10 %, som påverkar inflationsberäkning på följande sätt p = 4,33 % - 1/3 · 7 % + 10 % = 12 %.

Ökade priser minskar konsumenters köpkraft och aggregerad efterfrågan minskar, ekonomin stagnerar med tidsfördröjning, sysselsättning minskar och arbetslöshet ökar (stagnation). *Kombination utbudsinflation och stagnation är vanligare än efterfrågeinflation och stagnation.* Arbetslöshet orsakas av låg konjunktur (låg efterfrågan och hög arbetslöshet), men även av strukturella utbudsorsaker då arbetsgivare inte kan ny- eller ersättnings anställa personal på grund av okvalificerad och lågt utbildad arbetskraft.

1:3 Förändring (Δ) och summan av förändringar (∑Δ)

Myndigheter och institutioner använder statistik, aritmetik, mallar (tabeller). Universitet och högskolor använder matematik, algebra, modeller. Aritmetik är grundläggande numerisk räkning som används i vardagen och praktiskt arbete. Algebra är grundläggande symbol- och bokstavsräkning som används inom vetenskaplig forskning och matematisk teoribildning. Inom samhällsvetenskap och nationalekonomi används ofta linjära funktioner istället för icke linjära funktioner. Linjär funktion med negativ riktningskoefficient, $Y = m - k \cdot X$. Linjär funktion med positiv riktningskoefficient, $Y = m + k \cdot X$.

Derivatan av beroende storhet (Y) med avseende på oberoende storhet (X) är funktionens riktningskoefficient (k). Ändringskvot $(k) = (Y2 - Y1)/(X2 - X1) = \Delta Y/\Delta X$, grekiska bokstaven Δ står för differens, ΔY och ΔX är ändliga små differenser. Derivata $(k) = (Y2 - Y1)/(X2 - X1) = dY/dX$, bokstaven d står för differential, dY och dX är oändligt små differenser (differentialer).

Inom nationalekonomi och andra vetenskaper görs kompromisser och förenklingar som att inte skilja på ändringskvot (kvot av ändligt små differenser) och derivata (kvot av oändligt små differenser = differentialer). Summan av många små ändliga differenser $Y + \sum \Delta Y = m + k \cdot \sum \Delta X$, när summa X-förändringar är noll är $Y = m$. För varje X-förändring (ΔX) så ökar Y-förändring $(\Delta Y) = k \cdot \Delta X$. Summan av många upprepade förändringar, $\sum \Delta Y = k \cdot \sum \Delta X$. Derivata (förändringskoefficient) · differential (dX) är ögonblicklig förändring under oändligt litet tidsintervall (dt), summan av differentialer skrivs med integraltecken $\int 1 \cdot dX/dt$ och funktionen skrivs $Y + \int dY = m + k \cdot \int 1 \cdot dX/dt = m + k \cdot$ summa delförändringar av X inom givet tidsintervall. En integral är summan av många differentialer.

Algebraisk derivering och integrering (differential och summa differentialer), geometrisk derivering och integrering (differens och summa differenser, areaberäkning). För att beräkna en förändring, och summan av flera förändringar, så används tidsuppräkning, tid (t) är oberoende variabel. När Δt går mot oändligt liten tidsdifferens (dt) går ΔX mot oändligt liten storhetsdifferens (dX) då går geometriskt beräknad area mot algebraiskt beräknad area. Geometriskt gränsvärde går mot algebraiskt resultat. Y är funktion av X: Y = f(X), när X varierar så varierar Y.

Y = f(X) = F'(X) = m + k $\cdot$ X^2. Derivata (förändringssamband): $\Delta Y/\Delta X$ = f'(X) = 2 $\cdot$ k $\cdot$ X. Primitiv funktion och integral (kumulativt förändringssamband): F(X) = $\int$ f(X) dX = $\sum$ f(X) $\cdot$ ΔX = m $\cdot$ X + k $\cdot$ X^3/3. Y = 10 + 1,50 $\cdot$ X^2. Intervall 0 $\leq$ X $\leq$ 3. Tre intervall 0-1, 1-2, 2-3. Area = höjd (Y) $\cdot$ bredd (X) = f(X) $\cdot$ X. Intervall 0-1 mittvärde X = 0,50, Y = 10 + 1,5 $\cdot$ 0,50^2 = 10,375 (area). Intervall 1-2 mittvärde X = 1,50, Y = 10 + 1,5 $\cdot$ 1,50^2 = 13,375 (area). Intervall 2-3 mittvärde X = 2,50, Y = 10 + 1,5 $\cdot$ 2,50^2 = 19,375. Tre delareor och kumulativ total area = 10,375 + 13,375 + 19,375 = 43,125.

Numerisk integration är upprepning av geometrisk areaberäkning steg för steg, är underlag för programmerade datoralgoritmer. Algebraisk integration, A = $\int$ (10 + 1,50 $\cdot$ X^2) dX = [10 $\cdot$ X + 1,50 $\cdot$ X^3/3] intervall 0 $\leq$ X $\leq$ 3 = 10 $\cdot$ 3 + 1,50 $\cdot$ 3^3/3 = 43,50. Om basvärde X = 1 minskar till basvärde X = 0,10 ökar antal upprepade geometriska areaberäkningar från 3 till 30, A(3) = 43,125 och A(30) = 43,496 är approximativt nära A = 43,50. Många integraler är inte algebraiskt beräkningsbara, då får man lösa areaberäkning med geometrisk numerisk metod.

Arbete (W) = kraft (F) $\cdot$ sträcka (s) = $\int$F(s) ds = $\int$F(s) $\cdot$ ds/dt $\cdot$ dt = $\int$F(s) $\cdot$ v $\cdot$ dt. En krafts momentana arbete (F(s) $\cdot$ v) som sker under ett tidsögonblick (dt) är lika med dess effekt under ögonblicket dt. Arbete (W) är integralen av kraften (F) med avseende på sträckan (s), kraften kan vara konstant (F = C) eller beroende av sträckan F = F(s). Arbete är kraftansträngande, på en arbetsplats används tid som referens och inte sträcka, arbetstimmar blir lönetimmar, arbete = effekt $\cdot$ tid, hög effektivitet utan stress är lönsamt för arbetaren, företaget och nationen, på kort och lång sikt. Beräkna arbetet (W) som erfordras att sträcka ut en fjäder från s1 = 0,10 m till s2 = 0,20 m där F(s) = 12 $\cdot$ s. Lösning utan integral, W = medelkraft gånger sträcka (Δs = s2 − s1) = [F(0,10) + F(0,20)]/2 $\cdot$ Δs = (1,20 + 2,40)/2 $\cdot$ 0,10 = 0,18 Nm = 0,18 J. Lösning med integral, W = $\int$ F(s) ds i intervall 0,10 $\leq$ s $\leq$ 0,20 = (12 $\cdot$ s^2/2) = 0,24 − 0,06 = 0,18 J.

Beräkning av makrostorheter per år sker ofta utan derivata och integral, beräkna makrostorheter per månad som ackumuleras per år, kan derivata och integral tillämpas. Många matematiska och nationalekonomiska samband kan inte lösas algebraiskt, men kan lösas numeriskt approximativt, med geometrisk datorberäkning och upprepade iterationer, datorns programmerade algoritm genomför beräkning i en upprepad loop. *Förmågan att hantera och förstå storheter, symboler och samband i matematik, avgör förmågan att hantera och förstå storheter, symboler och samband i nationalekonomi.* Derivering för att bestämma absolut förändringskoefficient (k), Y = m + k · X, dY/dX = k.

Anta **situation 1**: $Y1 = 10 + 1,50 \cdot 10 = 25$, **situation 2**: $Y2 = 10 + 1,50 \cdot 12 = 28$, $\Delta Y =$ $Y2 - Y1 = k \cdot \Delta X = 1,50 \cdot 2 = 3$. Procentuell X-förändring (ΔX %) = 20 %, procentuell Y-förändring (ΔY %) = 12 %, beräknad relativ förändringskoefficient (e = elasticitetskoefficient), $e = dY/dX \cdot X1/Y1 = k \cdot X1/Y1 = 1,50 \cdot 10/25 = 0,60$ och ΔY % = $e \cdot \Delta X$ % = $0,60 \cdot 20$ % = 12 %, $Y2 = Y1 \cdot (1 + 12$ %$) = 28$, $X2 = X1 \cdot (1 + 20$ %$) = 12$. Elasticitetskoefficient motsvaras av en exponent (upphöjningstal) i icke linjära funktioner $Y = m \cdot X^e$, $Y1 = 25$, $X1 = 10$, $e = 0,60$, m beräknas till $25/10^{0,60}$ blir approximativt 6,28. $Y2 = m \cdot X2^e = 6,28 \cdot 12^{0,60} = 27,89$ tidigare var $Y2 = 28$ i linjära funktionen.

Linjär funktion $Y = m + k \cdot X$ kan omskrivas till icke linjär funktion $Y = m \cdot X^e$. Linjär funktion $Y = 10 - 0,25 \cdot X$ omskrivs till icke linjär funktion $Y = 16/X^{0,33}$. Positiv linjär additionsfunktion ersätts av positiv icke linjär multiplikationsfunktion. Negativ linjär subtraktionsfunktion ersätts av negativ icke linjär divisionsfunktion.

Derivering minskar potens- och polynomuttrycks exponenter med en grad, derivatan av $X^3 = 3 \cdot X^2$, exponent före derivering är 3 och efter derivering är exponenten 2. Om $Y = X^2$, icke linjär funktion, blir derivatans funktion linjär då derivatan av $X^2 = 2 \cdot X$, $\Delta Y = 2 \cdot X \cdot \Delta X$. Hur skall man tolka och förstå detta, genom tillämpning av tidsuppräkning och flera summeringar i flera steg. Y(X) betyder att Y är funktion av X, om X = 2 blir Y = 4, om X = 3 blir Y = 9 och $\Delta Y = Y2 - Y1 = 9 - 4 = 5$, enligt derivatans linjära funktion är $\Delta Y = 2 \cdot X1 \cdot \Delta X = 2 \cdot 2 \cdot 1 = 4$ vilket är mindre än 5. Derivering och summering i flera steg, anta $\Delta X = 0,25$ då behövs fyra uppdateringar för $\sum \Delta X = 1$. ΔY

= 2 · (2 + 2,25 + 2,50 + 2,75) · 0,25 = 4,75 = 2 · [(2 + 2,75)/2 · 4] · 0,25. Om ΔX = 0,10 blir ΔY = 2 · [(2 + 2,90)/2 · 10] · 0,10 = 4,90.

Skolmatematik är ofta inriktat mot statisk formelanpassad matematik (samband i formelsamlingar) och inte dynamisk experimentell matematik med upprepad beräkning av förändringar och summeringar. Skolmatematik har fokus på algebraisk förändringsmatematik i nutid, geometrisk förändringsmatematik tar hänsyn till nutid och ackumulerad förändringstid. Om skolmatematiken blir alltför tillrättalagd och anpassad formelbaserad (grammatisk) matematik så kanske det stjälper mer än det hjälper i lärprocessen mot förklaringar som syftar till djupare och bredare förståelse. *Förenklad beskrivning av verklig händelse eller situation, kan skapa positiv pedagogisk inlärningseffekt. För många förenklingar kan leda till distansering från verklig händelse eller situation, vilket kan skapa negativ pedagogisk inlärningseffekt.*

Hur används logaritmer för att omformulera icke linjära funktioner till linjära funktioner inom nationalekonomi? Exempel, algebraiska symboler, arbetskraft (AK), jämviktsarbetslöshet (un), full sysselsättning (NP) = AK · (1 − un), reallön (w) = nominell lön (W)/pris (P), notera w = W/P, löneelasticitet (e), N = AK · w^e. Om NP = 5 000, un = 7 %, AK = NP/(1 − un) = 5 376, w = 0,64, N = NP = AK · w^e är identiskt med (1 − un) = w^e, med insatta värden, (1 − 7 %) = 0,93 = 0,64^e, e = LN(0,93)/LN(0,64) = 0,1626. LN är förkortning för naturlig logaritm med basen Eulers tal som är approximativt 2,71828. Om reallön (w) = 1,00 är nominell lön (W) = pris (P) och N ökar till AK. Elasticitet = 0,1626 kan omräknas till absolut förändringskoefficient = sysselsättningsförändring/ reallöneförändring = (5 376 − 5 000)/(1 − 0,64) = 1 044. Linjär funktion N = m + 1 044 · w, om N = 5 000 och w = 0,64 blir beräknad m = 4 332. Från icke linjär arbetsutbudsfunktion N = AK · w^0,1626 till linjär arbetsutbudsfunktion N = 4 332 + 1 044 · w. Icke linjär funktion, w = 0,64, N = 5 376 · 0,64^0,1626 = 5 000. Linjär funktion, w = 0,64, N = 4 332 + 1 044 · 0,64 = 5 000.

Icke linjär produktionsfunktion, $Y = m \cdot X1^a \cdot X2^{(1-a)}$, m är skalfaktor, X1 och X2 är produktionsfaktorer. X1 har marginalprodukt (MP1) = dY/dX1 = a · Y/X1. X2 har marginalprodukt (MP2) = dY/dX2 = (1 − a) · Y/X2. X1 har produktionsandel = a. X2 har produktionsandel = (1 − a). Om m = 0,7282, a = 0,20, X1 = 8 000, X2 = 5 000 blir Y =

$0,7282 \cdot 8\ 000^{0,20} \cdot 5\ 000^{0,80} = 4\ 000$. $MP1 = 0,20 \cdot 4\ 000/8\ 000 = 0,10$. $MP2 = 0,80 \cdot$ $4\ 000/5\ 000 = 0,64$. $Y = MP1 \cdot X1 + MP2 \cdot X2 = 0,10 \cdot 8\ 000 + 0,64 \cdot 5\ 000 = 4\ 000$.

Matematisk notation, uttrycket $C(Y) = C$ är funktion av Y. $C(Y)$ är implicit funktion som talar om att C är beroende av Y, men inte hur och på vilket sätt. $C = C0 + b \cdot (1 - t) \cdot$ Y är explicit funktion som uttryckligen visar och förklarar hur C är beroende av Y. Inom skolmatematik och grundläggande funktionslära är $Y = m + k \cdot X$, som i implicit form skrivs $Y(X)$ eller $Y = f(X)$, där f står för funktion. Derivering av Y med avseende på X blir riktnings- och förändringskoefficient k, derivatan av $Y = m + k \cdot X$ är k. Koefficient (k) visar hur Y förändras när X förändras, $\Delta Y = k \cdot \Delta X$. Derivata skrivs dY/dX och ändringskvot skrivs $\Delta Y/\Delta X$, latinska bokstaven d står för differential (oändligt liten förändring) och grekiska bokstaven Δ står för differens (ändligt liten förändring).

Tillämpning av algebra i nationalekonomisk makroteori. Anta SCB-statistik föregående år: $Y = C + I + G = 72 + 33 + 45 = 150$. Konjunkturinstitutet skattar BNP-tillväxt till 4 % nästa år: $1,04 \cdot 150 = 156$. $T = t \cdot Y$, föregående år $T = G$, $t = 45/150 = 0,30$. $C = C0 + b \cdot (1 - t) \cdot Y$, föregående år $C0 = 9$ och $b = 0,60$. C0, I och G antas öka med 4 %, $C0 = 9,36$, $I = 34,32$ och $G = 46,80$. Y nästa år $= (C0 + I + G)/(1 - b \cdot (1 - t)) = 90,48/0,58$ $= 156 = 74,88 + 34,32 + 46,80$. Prognosen antar oförändrade BNP-andelar (C/Y, I/Y, G/Y) och att samtliga storheter växer med 4 %. Om C och I ökar med 2,50 % måste G öka med 7,50 %, $Y = 72 \cdot 1,025 + 33 \cdot 1,025 + 45 \cdot 1,075 = 156$. Budgetunderskott $= T$ $- G = 0,30 \cdot 156 - 48,375 = -1,575$. Budgetunderskott innebär att offentlig skuld ökar. Parametrar i konsumtionsfunktion C0, b och t påverkas av antagandet, oförändrade BNP-andelar och lika stor tillväxt av samtliga storheter i systemet. Det finns korrelation (samvariation) mellan konsumtionsbenägenhet (b) och konsumtionskvot (C/Y). Multiplikator (mp) $= 1/[1 - b \cdot (1 - t)] = 1/[1 - 0,60 \cdot (1 - 0,30)] = 1/0,58 \approx 1,724$, om G ökar med $\Delta G = 10$ blir $\Delta Y = mp \cdot \Delta G = 17,24$.

Denna matematik och logiska deduktiva resonemang, är ett huvudbudskap i John Maynard Keynes nationalekonomiska teori. Inom matematik är det bra att öva på att byta plats på beroende och oberoende storhet. $Y = m + k \cdot X$, Y är beroende av X, kan omskrivas till $X = 1/k \cdot Y - m/k$, X är beroende av Y. Matematik ur filosofiskt perspektiv. Inom filosofi och teologi förekommer begreppet, *den förste röraren*, den första igångsättande orsaken i en orsakskedja, teologiskt och religionsfilosofiskt är den förste röraren identisk med Gud. Matematiska teorier är uppbyggda av orsakskedjor som alltid är oavslutade. Varje teori är ofullständig och tar sin utgångspunkt i några obevisade antaganden. För varje ny orsak som tillkommer längst bak i orsakskedjan, så kan man fråga vad som orsakade den nya tillagda orsaken. Orsak är oberoende variabel (X) som verkar på beroende variabel (Y).

En orsak	$Y = m + k \cdot X$
Två orsaker	$Y = m + k1 \cdot X1 + k2 \cdot X2$
Tre orsaker	$Y = m + k1 \cdot X1 + k2 \cdot X2 + k3 \cdot X3$
N orsaker	$Y = m + k1 \cdot X1 + k2 \cdot X2 + k3 \cdot X3 +. . . + kN \cdot Xn$
Oändligt	$Y = m + (k$ och $X)$, index från 1 till oändlighet (∞)

Från idag till oändligt långt bakåt i tiden, en första orsak (rörelse), en stor smäll (Big Bang) startar en kumulativ förändringsprocess. Derivata används för att räkna på ögonblicklig liten förändring (differential), $\Delta Y = k \cdot \Delta X$ (i makroekonomi känt som multiplikatoreffekt). Integral beräknar summan av många små upprepade förändringar $\sum \Delta Y = k \cdot \sum \Delta X$. Differentialekvationer, summerar upprepade differentialer mellan given start- och slutpunkt. Om tillväxthastighet (Δg) är given så kan tillväxttakt (g) beräknas för varje ny angiven senare tidpunkt.

Om en kopp med kaffe har temperatur 70 grader i ett omgivande rum med 20 grader, avsvalningskoefficient (a) = 0,80, då kan kaffets temperatur beräknas omedelbart för en godtyckligt vald senare tidpunkt, efter två minuter har kaffet svalnat från 70 grader till 52 grader, $T(2) = 20 + 0,80^2 \cdot (70 - 50) = 52$. Räkna på förändringar som får ekonomiska konsekvenser på kort och lång sikt, görs med derivata, integral och differentialekvationer. Det finns ingen kungsväg (säker väg till målet) då det gäller att skaffa sig grundläggande färdigheter i matematik. Det behövs målmedveten träning. Matematisk optimering genom tillämpning av första (Δ) och andra differens $(\Delta\Delta)$. $Y = 0,50 \cdot K$, UVK = IVK + I – D, D = deprecieringstakt (d = 7 %) $\cdot$ IVK. $I = (d + g) \cdot$ IVK, BNP-tillväxt (g). IVK(0) = 1 000, g = 3 % per år, UVK(4) = IVK(0) $\cdot 1,03^5 = 1$ 159. $C = Y – I$.

Period	IVK	I	D	UVK	Y	C
0	1 000	100	-70	1 030	500	400
1	1 030	103	-72	1 061	515	412
2	1 061	106	-74	1 093	530	424
3	1 093	109	-76	1 126	546	437
4	1 126	113	-79	1 159	563	450

$\sum Y$ fem perioder = 2 655. IVK(0) = 1 000 till UVK(4) = 1 159, total differens = 159 = 5 · Δ + 10 · $\Delta\Delta$, anges första differens (Δ) så beräknas andra differens ($\Delta\Delta$) = (159 − 5 · Δ)/10. Om Δ = 48 blir $\Delta\Delta$ = - 8, Δ och $\Delta\Delta$ beskriver optimal villkorad tillväxtbana:

Period	IVK	I	D	UVK	Y	C
0	1 000	118	-70	1 048	500	382
1	1 048	113	-73	1 088	524	411
2	1 088	108	-76	1 120	544	436
3	1 120	102	-78	1 144	560	458
4	1 144	96	-80	1 159	572	476

$\sum Y$ fem perioder = 2 700. Derivering = ett förändringssteg, integrering = summan av flera förändringssteg. I dynamiska modeller beräknas differenser och summor av differenser över tid. En konkav tillväxtbana ligger ovanför uppåtgående trendlinje. En konvex tillväxtbana ligger nedanför uppåtgående trendlinje. Tabelldata ovan kan beräknas med differensekvation: UVK(t) = IVK(0) + (t+1) · Δ + [0,50 · (t+1)^2 − 0,50 · (t+1)] · $\Delta\Delta$. Om t = 3 blir UVK(3) = 1 000 + 4 · 48 + [0,50 · 16 − 0,50 · 4] · -8 = 1 144.

Differens- och differentialekvationer integrerar derivata och integral, differens = för-ändring. Första differens (Δ) sker i tidsperiod 1. Andra differens (ΔΔ) sker i tidsperiod 2. Tredje differens (ΔΔΔ) sker i tidsperiod 3. Förändring per tidsenhet = derivatan av förändring med avseende på tid (t). Andra differens adderas till första differens med tidsfördröjning en period, tredje differens adderas till andra differens med tidsför-dröjning en period. Differens (derivata), kumulativ addition av differens (integral). Differensadditionsmetod fungerar med givet startvärde och när startvärde är noll. In- och utgående värde (IV och UV). UV = IV + summa kumulativ förändring.

Tid (t)	IV	Δ = 10	ΔΔ = 5	ΔΔΔ = 2	UV
1	0	Δ	0	0	10
2	10	Δ	ΔΔ	0	25
3	25	Δ + ΔΔ	ΔΔ	ΔΔΔ	47
4	47	Δ + 2 · ΔΔ	ΔΔ + ΔΔΔ	ΔΔΔ	76
5	76	Δ + 3 · ΔΔ + ΔΔΔ	ΔΔ + 2 · ΔΔΔ	ΔΔΔ	114

Differensekvation ger direkt svar utan tabelluppräkning, summa differenser = Δ · t + ΔΔ · (t-1) · t/2 + ΔΔΔ · (t-2) · [(t-2)^2 + 5]/6. Om t = 5 blir summa kumulativ förändring = 10 · 5 + 5 · 10 + 2 · 7 = 114. Om t = 10 blir summa kumulativ förändring = 10 · 10 + 5 · 45 + 2 · 92 = 509. Med bara första differens blir kumulativ summa en förstagrads-funktion, med första och andra differens blir kumulativ summa en andragradsfunkt-ion, med första, andra och tredje differens blir kumulativ summa en tredjegrads-funktion.

Med ovanstående beräkningsmetod kan dynamiska kumulativa förlopp simuleras som konjunkturcykler, marknadslivscykler, trender, spridningseffekter av nya inno-vationer och arbetsprojekt med mera. Genom tilldelning av olika differensvärden, kan vara positiva och negativa värden, så skapas olika dynamiska tidsfördröjda ked-jereaktioner och återkopplingsslingor.

Förutbestämda givna differenser, och inte förutbestämda variabla differenser. Tidsfördröjd BNP differens: $YD(t) = Y(t-1) - Y(t-2)$, varierar per period.

- Konsumtion: $C(t) = C0(t) + b1 \cdot (1 - tx) \cdot Y(t) - r(t) \cdot H(t)$
- Bruttoinvestering: $I(t) = I0(t) + b2 \cdot Y(t) - r(t) \cdot K(t) + a \cdot YD(t)$
- $YD(t) = Y(t-1) - Y(t-2)$, skattenivå (tx), räntenivå (r)
- Kollektiv konsumtion: $G(t) = G0(t)$ finansieras med skatt (T) = skattenivå (tx) · BNP (Y). Autonoma storheter är C0, I0, G0.

Aggregerad efterfrågestorhet: $A0(t) = C0(t) + I0(t) + G0(t) - r(t) \cdot [H(t) + K(t)] + a \cdot YD(t)$. Multiplikator (mp) = $1/(1 - b1 \cdot (1 - tx) - b2)$. Månadsvärden a = 0,25, b1 = 0,65, b2 = 0,12, tx = 0,30, C0 = 30, I0 = 60, G0 = 125, räntenivå (r) = 0,25 %, H = 5 000, K = 10 000, YD = 0. Beräknad A0 = 177,5, mp = 1/0,425, BNP per månad = A0 · mp = 417,65.

Månad 2 investeringschock (ΔI0) = 10, A0 = 187,5, BNP per månad = A0 · mp = 441,18, BNP ökning 10/0,425 = 23,53, kallas för multiplikatoreffekt, verkar omedelbart inom en period.

Månad 3 $YD(t) = Y(t-1) - Y(t-2)$ = 23,53, A0 = 183,38, BNP = 431,49, kallas för tidsfördröjd acceleratoreffekt (andra differens), multiplikatoreffekt (första differens). Samma beräkningar per månad upprepas månad 4 – 12. Multiplikatoreffekt inom en period och tidsfördröjd acceleratoreffekt mellan perioder, växelverkar och skapar en dynamisk "konjunkturell" BNP månadsserie.

Ekonomipristagare år 1970 Paul Samuelson använde modeller med multiplikator- och acceleratoreffekt för att simulera och förklara konjunkturcykler. Samuelson ansåg att matematik är det "naturliga språket" för ekonomer och bidrog i hög grad till utvecklingen av de matematiska grunderna i nationalekonomi.

Två scenarier, månad 2 investeringschock (ΔI0) = + 10, och månad 2 investeringschock (ΔI0) = -10, i båda fall sker automatisk anpassning och utjämning.

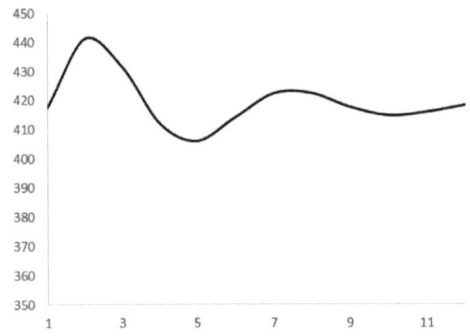

Scenario 1, ΔI0 = + 10 i månad 2, BNP ökar, för att sedan utjämnas och balansera mot en jämviktsnivå. Modellen är robust.

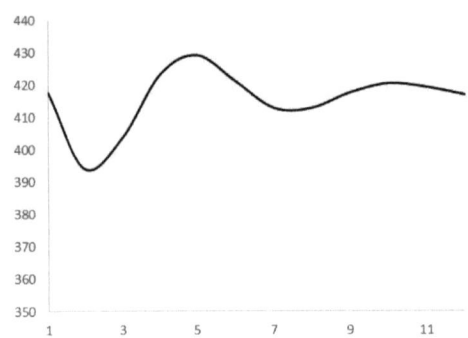

Scenario 2, ΔI0 = - 10 i månad 2, BNP minskar, för att sedan utjämnas och balansera mot en jämviktsnivå. Modellen är robust.

Investeringschock i månad 2 ersätts av acceleratoreffekt i månad 3-12. Både investeringschock (ΔI0) och acceleratoreffekt [a · YD(t)] tillsammans med multiplikatoreffekt (mp) påverkar BNP nivå per månad. Accelerator- och multiplikatoreffekt = a · YD(t) · mp.

1:4 Samband inflation (p), arbetslöshet (u) och tillväxt (g)

Inflation, arbetslöshet och tillväxt. Priser och allmänna prisnivån i samhället uppdateras med inflation, utgående värde prisnivå UVP = ingående värde prisnivå IVP · (1 + p). Sysselsättning (N) = arbetskraft (AK) · (1 − u), ökar u så minskar N, minskar u så ökar N. Producerad kvantitet (Q) är funktion av N, ökar N så ökar Q, minskar N så minskar Q. Y = P · Q. YP med full sysselsättning (NP) = jämviktsprisnivå (PP) · Q(NP). Nominell BNP-tillväxt (g) = Y(t)/Y(t-1) − 1 = inflation (p) + sysselsättningstillväxt (n) + produktivitetstillväxt (Δq %).

- Prisnivå, UVP = IVP · (1 + p), och P = [IVP + UVP]/2
- Sysselsättning = AK · (1 − u)
- Produktion är funktion av sysselsättning = Q(N)
- BNP = P · Q(N) = P · qN · N
- Potentiell BNP = PP · QP = PP · Q(NP) = PP · q · NP
- Nominell BNP-tillväxt (g) = Y(t)/Y(t-1) − 1 = p + n + Δq %

Potentiell nominell BNP-tillväxt (gp) = YP(t)/YP(t-1) - 1 = pm + np + Δq %, riksbankens inflationsmål (pm), potentiell full sysselsättningstillväxt (np), produktivitetstillväxt (Δq %) antas vara lika för Y och YP. Konjunkturförlopp är tillväxtförlopp som varierar kring potentiell BNP-trendtillväxt.

Det är viktigt att hålla isär begreppen BNP-nivå och BNP-tillväxt. Högkonjunktur skattas statistiskt av konjunkturinstitutet (KI), om Y > YP så högkonjunktur. Y > YP är nivåjämförelse och inte tillväxtjämförelse. Y > YP och g > gp, betyder att högkonjunkturen inte nått toppen ännu. Y < YP och g < gp, betyder att lågkonjunkturen inte nått botten ännu. Y = YP och g = gp, balanserad konjunktur och samhällsekonomisk jäm-vikt. Ett konjunkturellt tillväxtförlopp kan matematiskt beskrivas som en sinusvåg, som svänger kring ett potentiellt trendmässigt tillväxtförlopp.

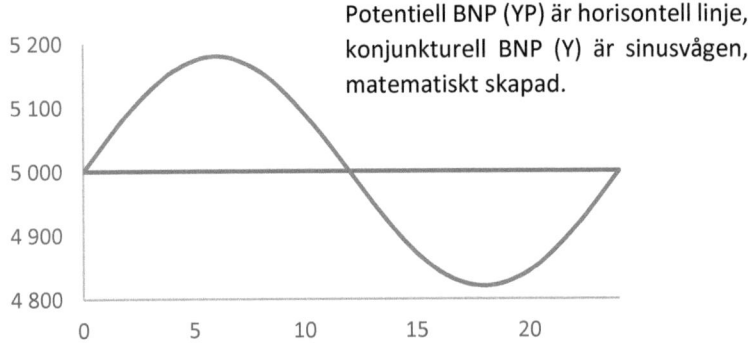

Potentiell BNP (YP) är horisontell linje, konjunkturell BNP (Y) är sinusvågen, matematiskt skapad.

- Högkonjunktur: Y > YP och konjunkturuppgång om g > gp.
- Lågkonjunktur: Y < YP och konjunkturnedgång om g < gp.
- Balanserad konjunktur: Y = YP och oförändrad konjunktur om g = gp.

Samband p, pm, inflationsfaktor (f), Y, YP, BNP-tillväxt (g), potentiell BNP-tillväxt (gp), arbetslöshet (u), jämviktsarbetslöshet (un), relativt BNP-gap (bg) = (Y − YP)/YP, p = pm + f · [Y(t-1)/YP(t-1) · (1 + g) − (1 + gp)]/(1 + gp) = pm + f · bg och u = un − (1 − un) · [Y(t-1)/YP(t-1) · (1 + g) − (1 + gp)]/(1 + gp) = un − (1 − un) · bg.

Exempel: Y(t-1) = 4 839, YP(t-1) = 5 000, g = 4 %, gp = 3 %, f = 0,31, un = 7 %, nu kan beräknas p(t), p(t-1), u(t), u(t-1), sysselsättningstillväxt (n), np = 0,50 %. Inflation fö-regående år = p(t-1) = pm + f · bg(t-1) = 0,02 + 0,31 · (4 839 − 5 000)/5 000 = 1,00 %, inflation aktuellt år = p(t) = 0,02 + 0,31 · (4 839/5 000 · 1,04 − 1,03)/1,03 = 1,29 %. Arbetslöshet föregående år = u(t-1) = un − (1 − un) · bg(t-1) = 0,07 − 0,93 · (4 839 − 5 000)/5 000 = 10,00 %, arbetslöshet aktuellt år = u(t) = 0,07 − 0,93 · (4 839/5 000 · 1,04 − 1,03)/1,03 = 9,13 % och sysselsättningstillväxt = n(t) = [1 − u(t)]/[(1 − u(t-1)] · (1 + np) − 1 = (1 − 9,13 %)/(1 − 10 %) · 1,005 − 1 = 1,48 %. Produktivitetstillväxt (Δq

%) ≈ g – p – n = 4,00 % - 1,29 % - 1,48 % = 1,23 %. Förändring av arbetslöshet påverkar sysselsättningstillväxt (n). Tillväxtgap = g – gp, föregående års relativa BNP-nivå = Y(t-1)/YP(t-1) påverkar årets värden på inflation och arbetslöshet, produktivitetstillväxt (Δq %) = g – p – n. Sinusformad matematisk konjunkturvåg över två politiska man-datperioder (åtta år), 360 grader dividerat med åtta år = 45 grader, BNP nivåintervall kring potentiell BNP är ± gp/(1 – un) = ± 3,00 % /0,93 ≈ ± 3,22 %. Index nedan är Y/YP:

Tid	0	1	2	3	4	5	6	7	8
Index	1,000	1,023	1,032	1,023	1,000	0,977	0,968	0,977	1,000

Period 1: Sinus 45 grader = 0,707, index (1) = 1 + 0,707 · gp/(1-un) = 1,023. *Myndig-heter definierar statistik, matematik definierar samband.*

1:5 Förändrings- och tillväxtfaktor (multiplikator = mp)

Nytt värde (N) = gammalt värde (G) ± värdeförändring (ΔV), uppräkning med addit-ion. Uppräkning med multiplikation sker med förändrings- och tillväxtfaktor, N = G · (1 + ΔV %), låt v = ΔV %. Uppräkning med multiplikation över flera perioder, tid = t, N(t) = G(0) · (1 + v)^t. En upprepad multiplikation är en potens bestående av bas och exponent. Förändringsfaktor är bas, och tid (t) är exponent.

Om tillväxt per period är olika, så kan total förändringsfaktor beräknas, tillväxt period 1, 2, 3 är v1, v2, v3, total förändringsfaktor = [1 + v(1-3)]^3 = (1 + v1) · (1 + v2) · (1 + v3) och genomsnittlig tillväxt för period 1-3 blir v(1-3). Anta Y = AE = C + I, C = kon-sumtionsbenägenhet (b) · Y, C är funktion av Y = C(Y), investering är statistiskt given storhet, I = I0, investeringsförändring (ΔI0) är oberoende. Y = C(Y) + I0 = b · Y + I, förändring steg 1, ΔI0 påverkar förändring av Y, ΔY = ΔI0, i steg 2 påverkar ΔY kon-sumtionsförändring ΔC = b · ΔY = b · ΔI0, total förändring i steg 3: ∑ΔY = ΔI0 · (1 – b^3)/(1 – b). När upprepade steg går mot stort upprepningstal blir ∑ΔY = ΔI0/(1 – b).

$\sum \Delta Y = \Delta I0 \cdot$ kumulativ förändringsfaktor $[1/(1 - b)]$. Kumulativ eller ackumulerad betyder successiv addition av förändringar, som i varje nytt upprepat steg ökar ursprungligt värde. I nationalekonomi kallas kumulativ förändringsfaktor för multiplikator (mp). $Y(I0) = C(Y) + I0$ om $I0 = 0$ blir $C = Y = 0$.

Matematiska system är beroende av statistiska indata (I0), Y är beroende av $I0 = Y(I0)$ och C är beroende av $Y = C[Y(I0)]$. Om $I0 = 100$, $b = 0,80$, blir $Y = 0,80 \cdot Y + 100 = 100/(1 - 0,80) = 500$. Vad blir BNP efter fem steg om $\Delta I0(1) = 10$? $Y(5) = Y(0) + 10 \cdot (1 - 0,80^5)/(1 - 0,80) = 500 + 10 \cdot 3,362 = 533,62$. Vad blir BNP efter hundra steg, $Y(100) = Y(0) + 10 \cdot (1 - 0,80^{100})/(1 - 0,80) = 550$, ursprunglig förändring $(\Delta I0) = 10$ får spridnings- och förstärkningseffekt via C och mp som går mot geometriskt gränsvärde $= 1/(1 - b)$. Om $Y = Y(I0)$ så är $C = C[Y(I0)]$.

Perpetuitet, en exogen förändring fortplantar sig i ett system där beroende endogena kumulativa förändringar upprepar sig i evighet. Multiplikatoreffekt antar perpetuitet, $\Delta Y = mp \cdot \Delta I$. Diskret kumulativ uppdatering med tidsfördröjning $\Delta Y = [n - (1 - b^n)/(1/b - 1)]/(1 - b) \cdot \Delta I/n$, när n går mot oändligt stort tal blir $\Delta Y = n/(1 - b) \cdot \Delta I/n - (1 - b)/(1/b - 1) \cdot \Delta I/n = 1/(1 - b) \cdot \Delta I$. Antal upprepningar $= n$, konsumtionsbenägenhet (b). $\Delta I \rightarrow \Delta Y = \Delta I/(1 - b) \rightarrow \Delta C = b \cdot \Delta Y$, $\Delta Y = \Delta I + \Delta C$.

**Upprepad beräkning med multipel förändringseffekt**. Steg 0 och $Y(0) = I0/(1 - b) =$ $100/(1 - 0,80) = 500$, processen startar med investeringsförändring ($\Delta I0$) som påverkar BNP-förändring (ΔY), som påverkar konsumtionsförändring (ΔC) och så vidare:

Steg	Y + ΔY	ΔI0	ΔY	ΔC
0	500,00			
1	510,00	10,00	10,00	
2	518,00		8,00	8,00
3	524,40		6,40	6,40
4	529,52		5,12	5,12
5	533,62		4,10	4,10
Summa	↑	10,00	33,62	23,62

Tabellen beskriver en geometrisk talföljd $Y(5) = Y(0) + \Delta I0 \cdot [1 - 0,80^5]/(1 - 0,80) =$ $533,62$. $\sum\Delta Y = mp \cdot \Delta I0 = 1/(1 - 0,80) \cdot 10 = 50$. $\sum\Delta C = \sum\Delta Y - \Delta I0 = 50 - 10 = 40$. En förändring ($\Delta$), summa flera förändringar ($\sum\Delta$). Om $Y = C0 + b \cdot Y + I0 + a \cdot Y = 40 +$ $0,70 \cdot Y + 60 + 0,10 \cdot Y$, blir $Y = (C0 + I0)/(1 - a - b) = 500$. $C = C0 + b \cdot Y$. $I = I0 + a \cdot Y$.

Steg	Y + ΔY	ΔI	ΔY	ΔC
0	500,00			
1	510,00	10,00	10,00	
2	518,00	1,00	8,00	7,00
3	524,40	0,80	6,40	5,60
4	529,52	0,64	5,12	4,48
5	533,62	0,51	4,10	3,58
Summa	↑	12,95	33,62	20,66

Ytterligare tillämpning av tillväxtfaktor. Sedlar och mynt (S), bankmedel (B), reserver (R), monetär bas (MB) = S + R. Penningmängd (PM) = S + B. Relation PM/ MB = kreditmultiplikator (k) = (S + B)/(S + R). Bank reservkvot = r = R/B. Allmänhetens sedel- och myntmängdskvot = s = S/B. Kreditmultiplikator (k) = (1 + s)/(r + s).

Period	S	B	R
0	S		
1		$(1-r) \cdot S$	$r \cdot S$
2		$(1-r)^2 \cdot S$	$(1-r) \cdot r \cdot S$
3		$(1-r)^3 \cdot S$	$(1-r)^2 \cdot r \cdot S$
Summa	S	$[1-(1-r)^3]/r \cdot S \cdot (1-r)$	$[1-(1-r)^3]/r \cdot S \cdot r$

Gränsvärdesummor: B = $(1-r)/r \cdot S$, R = S, r = R/B = $r/(1-r)$, s = S/B = $r/(1-r)$ och k = $1/(2 \cdot r)$. Anta S = 200, r = 0,10. Beräknade värden: R = S = 200, k = $1/(2 \cdot 0,10)$ = 5, B = $(1-0,10)/0,10 \cdot 200$ = 1 800, MB = R + S = 400, PM = S + B = 2 000, kontroll k = PM/MB = 2 000/400 = 5.

Centralbankspengar (mynt och sedlar) och bank reserver (bankkonton hos riksbankens betalningssystem RIX) = monetär bas (MB). Skapade bankkreditpengar = B. Antal steg (n). $\sum B = (1-r) \cdot S \cdot [1-(1-r)^n]/r$ och $\sum R = r \cdot S \cdot [1-(1-r)^n]/r$, monetär bas (MB) = S + $\sum R$, penningmängd (PM) = S + $\sum B$.

Brittisk ekonomiprofessor William Jevons 1871: - *Det är helt klart att om nationalekonomin över huvud taget skall kunna vara en vetenskap så måste den vara en matematisk vetenskap, då den studerar och handlar om kvantiteter.*

Hur bankkreditpengar skapas med upprepade beräkningar:

Steg	S	B	R	MB	PM
0	200			200	200
1		180	20	220	380
2		162	18	238	542
3		146	16	254	688
4		131	15	269	819
5		118	13	282	937
Summa	200	737	82	↑	↑

Reservkvot (r = 0,10), $\sum B$ i fem steg = $(1 - r) \cdot S \cdot [1 - (1 - r)^n]/r$ = 0,90 · 200 · (1 – 0,90^5)/0,10 = 737, stämmer med tabelldata. $\sum R$ i fem steg = $r \cdot S \cdot [1 - (1 - r)^n]/r$ = 0,10 · 200 · (1 – 0,90^5)/0,10 = 82, stämmer med tabelldata. MB = S + R = 200 + 82 = 282. PM = S + B = 200 + 737 = 937.

Banker påverkar via media riksbankens direktion, till att sänka räntan, för att på så vis öka bankernas utlåningsvolym och räntenetto (ränte-marginal). In- och utlåningsränta (IR och UR). UR = 6 %, IR = 5 %, utlåningsvolym (UV) = 2 000 mdkr, ger räntenetto = 20 mdkr. UR = 2 %, IR = 1 %, UV = 2 200 mdkr, ger räntenetto = 22 mdkr.

I Sverige bildades finanspolitiska rådet år 2007, med uppgift att granska regeringens finanspolitik, och hur statsskulden (S) utvecklas i relation till BNP (Y). Statsskuldskvot (s) = S/Y, statsskuldsränta (rs), primärt underskott utan ränta (u) = (G − T)/Y, BNP-tillväxt (g).

Ingångsvärde (IV) och utgångsvärde (UV), UV s = IV s · (1 + rs)/(1 + g) + u. Anta IV S = 1 500, föregående års BNP = Y(t-1) = 5 000, IV s = IV S/Y(t-1) = 0,30, g = 3,00 %, årets BNP = Y(t) = Y(t-1) · 1,03 = 5 150, G = G0 = 1 545, T = t · Y = 0,28 · 5 150 = 1 442, rs = 2,00 %, offentlig ränta (OR) = IV S · rs = 30, statens underskott (U) = G − T = 1 545 − 1 442 = 103, u = U/Y = 103/5 150 = 2 %, aritmetisk beräkning av UV S = IV S + U + OR = 1 500 + 103 + 30 = 1 633, UV s = UV S/Y = 1 633/5 150 = 31,71 %, och beräkning med statsskuldsekvation UV s = IV s · (1 + rs)/(1 + g) + u(t) = 0,30 · 1,02/1,03 + 0,02 = 0,3171 = 31,71 %.

Sverige har för närvarande budgetöverskottsmål på en tredjedels procent (1/3 %) över en konjunkturcykel. Riksdagspartier, tankesmedjor och influenser som vill öka offentlig sektors BNP-andel och inflytandet i samhällsekonomin, har framfört förslag om införandet av budgetunderskottsmål på en halv procent (0,50 %). Deras argumentation är att med låg statslåneränta på offentlig skuld och hög BNP-tillväxt, så kommer statsskuldskvoten att inte öka. Exempel på nästa sida.

Notis: Differens- och differentialekvationer kombinerar derivata (förändring och flöde = ΔY(t)) och integral (summa och bestånd = Y(t)): ΔY(t) = a · Y(t) = a · [Y(0) + ΔY(t-1) + ΔY(t-2) +. . . + ΔY(t-n)]. ΔY är proportionell mot startvärdet Y(0) plus summan av alla föregående förändringar av Y. Aktuell förändring är proportionell mot ett bestånd, ΔY(t) = a · Y(t), Y(t) är summan av ett begynnelsevärde Y(0) plus alla tidigare förändringar ∑ΔY. När beståndet ökar per period så ökar förändring per period, som i sin tur ökar beståndet i nästa period, en exponentiell kumulativ förändring över tid.

Statsskuldsutveckling över två politiska mandatperioder (åtta år):

År	IV S	Y(t-1)	IV s	G	Y(t)	T
1	1 500	5 000	30 %	1 442	5 150	1 416
2	1 545	5 150	30 %	1 500	5 305	1 473
3	1 591	5 305	30 %	1 560	5 464	1 532
4	1 639	5 464	30 %	1 622	5 628	1 594
5	1 688	5 628	30 %	1 687	5 796	1 658
6	1 739	5 796	30 %	1 754	5 970	1 725
7	1 791	5 970	30 %	1 825	6 149	1 794
8	1 845	6 149	30 %	1 898	6 334	1 866

I tabellen visas två politiska mandatperioder (åtta år). IV s = IV S/Y(t-1), BNP-tillväxt per år (g) = 3 %, statslåneränta (rs) på offentlig skuld beräknas: UV s = IV s · (1 + rs)/(1 + g) + u och rs = (UV s − u) · (1 + g)/IV s − 1 = (0,30 − 0,005) · 1,03/0,30 − 1 = 1,28 %. Offentlig konsumtion (G) ökar med fyra procent per år, årligt primärt budgetunderskott (u) kalkyleras till en halv procent, T = G − 0,005 · BNP. Offentlig konsumtions BNP-andel ökar från 28 % år 1 till 30 % år 8, skattens BNP-andel ökar från 27,5 % år 1 till 29,5 % år 8, primärt budgetunderskott (u) = (G − T)/Y = 0,005.

Nationalekonomisk makroteori, politisk och offentlig ekonomi har primärt mål, ordning på statsfinanser enligt finanspolitiska ramverk och budgetpolitiska mål, sekundärt mål, påverka aktivitetsnivån i samhället. Tre nationalekonomiska områden som använder förändrings- och tillväxtfaktor: (1) efterfrågemultiplikator (Keynes), (2) kreditmultiplikator relation penningmängd och monetär bas, (3) statsskuldsekvation relation statsskuld och BNP samt relation ränta och tillväxt.

1:6 Resonemang, algebra och samband

Annuitetslån, annuitet = amortering (A) + ränta (R) = konstant belopp (C) per period. Symboler: L = lån, amortering (A), ränta kr (R), ränta % (r), amorteringstid (t). Först resonera logiskt med algebra om processen, identifiera upprepade mönster och lagbundenheter för att definiera samband. Först utan siffror, därefter med siffror för att konkretisera förloppet. Ett lån tas med amorteringstid fem år, annuitet lika stort belopp varje period.

- $A1 + R1 = A2 + R2 = A3 + R3 = A4 + R4 = A5 + R5 = C$

- $L = A1 + A2 + A3 + A4 + A5 = \sum A(t)$, t från 1-5.

- $R1$ = ränta period 1 (år 1) = $r \cdot L$ och $A1 = C - R1$.

- $R2 = r \cdot (L - A1)$, $R2 < R1$, R minskar och A ökar per period, $A2 > A1$.

- $R1$ (känt) $+ R2 + R3 + R4 + R5 = \sum R(t)$ är inte känt, styrs av A.

- Räntefaktor = tillväxtfaktor för amortering, $A1 = A \cdot 1$, $A2 = A \cdot (1 + r)^1$, $A3 = A \cdot (1 + r)^2$, $A4 = A \cdot (1 + r)^3$, $A5 = A \cdot (1 + r)^4$. L = geometrisk räntesumma $\cdot$ A.

$L = A \cdot [1 + (1 + r) + (1 + r)^2 + (1 + r)^3 + (1 + r)^4] = A \cdot [(1 + r)^5 -1]/r$ och $A = r \cdot L/[(1 + r)^5 -1] = R1/[(1 + r)^5 -1]$. Ränta är ett socialt konstruerat kulturfenomen, som är beroende av kapital (lån) och tid (amorteringstid). Kassaflöde (annuitet) för långivare och låntagare är konstant per år. $C1 = A1 + R1 = A + R1 = R1/[(1 + r)^5 -1] + R1 = (1 + r)^5 \cdot L$/ackumulerad räntefaktor (AR), $AR = [(1 + r)^5 - 1]/r$. Annuitetsfaktor är inverterad $AR = r/[1- (1 + r)^{-5}]$. Om L = 10 000, r = 10 %, t = 5 år, kan amortering och ränta beräknas i varje period:

Period (år)	Amortering	Ränta	Annuitet
1	1 638	1 000	2 638
2	1 802	836	2 638
3	1 982	656	2 638
4	2 180	458	2 638
5	2 398	240	2 638

Logisk härledning är ett matematiskt bevis, logiskt sant men inte nödvändigtvis verkligt sant. Villkor: (1) A1 + R1 = A2 + R2. (2) A1 + r · L = A2 + r · (L − A1). (3) A1 = A2 − r · A1. (4) A2 = A1 · (1 + r). A3 = A2 · (1 + r) = A1 · (1 + r)^2 och så vidare. Amorteringens tillväxtfaktor per period är (1 + r). Momentan (omedelbar) ränteuppräkning = e^r, annuitetsfaktor = (e^r − 1)/[1 − e^(−5 · r)] och ränta i period 1, R1 = (e^r − 1) · L. Eulers tal (e) är basen till naturlig logaritm (LN), Eulers tal är ett transcendent och gränsvärdes tal, när x går mot oändlighet, så går uttrycket (1 + r/x)^x mot e^r.

Kassaflöde och ränteräkning för obligationer skiljer sig från annuitetslån

Kupongobligation med kupongränta = 4 %, nominellt obligationsvärde = 1 000, diskonteringsränta = 8 %, löptid = 5 år, beräkna kupongobligationens pris vid nyemissionstillfället (nuvärde). Årlig kupongränta = 4 % · 1 000 = 40 betalas under fem perioder, nuvärdesummafaktor = (1 − (1 + 8 %)^-5)/0,08 = 3,9927, pris = 3,9927 · 40 + 1 000/(1 + 8 %)^5 = 840. Matematisk enhet (me) kan ersätta kronor i matematiska exempel. Totalt kassaflöde (penningflöde) för obligation fem år = 5 · 40 + 1 000 = 1 200 och pris = 840, 840 · (1+ alternativ ränta)^5 = 1 200, alternativ ränta = (1 200/840)^(1/5) − 1 = 7,39 %.

Matematisk dynamisk modell för BNP-beräkning fem år:

BNP (Y) = skalfaktor (a) · realkapital (K), depreciering (D) = deprecieringstakt (d) · K, investering (I) = (g + d) · K, g = önskad BNP-tillväxt per år. Beräkning för fem år, a = 0,50, K i period 1 = 10 000, d = 0,07, g = 0,03.

Period	K	Y	I	D
1	10 000	5 000	1 000	700
2	10 300	5 150	1 030	721
3	10 609	5 305	1 061	743
4	10 927	5 464	1 093	765
5	11 255	5 628	1 126	788

Y(1) = a · K(1) = 0,50 · 10 000 = 5 000. I(1) = (g + d) · K(1) = (0,03 + 0,07) · 10 000 = 1 000. D(1) = d · K(1) = 0,07 · 10 000 = 700. K(2) = K(1) + I(1) − D(1) = 10 000 + 1 000 − 700 = 10 300 och K(2) = K(1) · (1 + g) = 10 000 · 1,03 = 10 300. Investering är viktigt inom makroekonomisk teori då investering påverkar både efterfråge- och utbudssidan. AE = C + G + I + NX, investering påverkar aggregerad efterfrågan i samma period. Årets investering påverkar utgående värdet på realkapital som påverkar BNP nästa år. Investering påverkar direkt efterfrågan och med tidsfördröjning utbudet.

Galileo Galilei: - *Matematik är det språk som Gud skrivit universum med*. Istället för investering som funktion av realkapital, I = (d + g) · K, kan investering vara funktion av BNP, I = sparkvot (s) · Y, om s = (d + g) · K/Y, så blir resultaten lika.

2 TEORETISKA BEGREPP

Exogen storhet är given statistisk storhet som inte beräknas matematiskt, data från myndighet, till exempel offentlig utgift (G) = regeringens finansdepartement budgeterar offentlig utgift, G = G0, om årsbudgetanslag för offentliga utgifter är 1 500 mdkr, är G = 1 500. Endogen storhet beräknas matematiskt, konsumtion (C) = 10 + 0,90 · Y om beräknad Y = 100 blir beräknad C = 100. Skatt (T) är endogen storhet och är proportionell mot Y, T = skattenivå (t) · Y, om t = 30 % och Y = 100 blir T = 30. Utgående värde realkapital (UVK) = ingående värde realkapital (IVK) + investering (I) – depreciering (D), IVK är exogen storhet som anges vid start, UVK, I och D är endogena storheter som beräknas.

Konsumtionsfunktion: C = C0 + b · (1 – t) · Y. Autonom konsumtion (C0) och konsumtionsbenägenhet (b). C är beroende av Y = C(Y), C är beroende storhet och Y är oberoende storhet. I ett större nationalekonomiskt utbyggt system, är även Y systemberoende storhet. C och Y är ömsesidigt beroende av varandra. Mycket inom grundläggande nationalekonomi på makronivå är statisk räkning, där förändring av oberoende givna storheter påverkar beroende beräknade storheter omedelbart utan tidsfördröjning, vilket i verkliga ekonomiska livet inte är realistiskt. Kanske undantag är robothandel på aktiebörser runt om i världen, där det sker många transaktioner och förändringar på mycket kort tid.

Avancerad nationalekonomi på makronivå använder dynamisk räkning som differensekvationer, differens (ändligt liten förändring), och differentialekvationer, differential (oändligt liten förändring). Termen ex ante betyder på förhand, och ex post betyder i efterhand. Budgeterad storhet sker ex ante, bokförd storhet sker ex post. Mellan budgeterad- och bokförd storhet finns en tidsdifferens, en tidsfördröjning. Vissa differens- och differentialekvationer har ibland abstrakta svar där en situation eller händelse beskrivs med endast tidsuttryck, funktionen är endast beroende av olika tidsfaktorer, utan tid sker inga förändringar, då förändringar är beroende av tid, låter mer som filosofi än matematik. Statisk räkning antar givna jämviktsvillkor, det råder jämvikt före och efter förändring. Dynamisk räkning används vid icke jämvikt, genom upprepade beräkningar mellan efterfrågan och utbud, kommer skillnaden mellan efterfrågan och utbud gå mot noll när antal upprepade beräkningar sker dynamiskt. *YP skattas ex ante, Y bokförs statistiskt ex post!* Exogena oberoende storheter anges ex ante. Endogena beroende storheter beräknas ex post. Flödesstorheter är BNP, konsumtion, investering med mera, de verkar och uppräknas inom en bestämd tidsperiod.

En flödesstorhet vid årets början är noll och uppräknas successivt per år, om genomsnittlig BNP per månad är 420 mdkr, BNP per kvartal = 420 · 3 månader = 1 260 mdkr, BNP per år = 420 · 12 månader = 5 040 mdkr. Beståndsstorheter är realkapital, finansiellt kapital, bankkapital, eget kapital, dessa storheter har ingående värde vid årets början och utgående värde vid årets slut, som t.ex. UVK = IVK + investering (I) – depreciering (D). Induktion och induktiv kunskapsprocess: Observation → resonemang efter observation → induktiv erfarenhetsslutledning → teori. Deduktion och deduktiv kunskapsprocess: Resonemang före observation → deduktiv- och rationell logisk teoretisk hypotes → observation → verifierad eller falsifierad teori.

Ett välkänt samband inom makroekonomi är M · V = P · Q. Ett hushåll får månadslön (inkomst) som motsvarar penningmängd per månad (M), på ett år omsätts M tolv gånger (V), penningmängd per månad (M) omsätts upprepade gånger (V) för att betala utgifter för den mängd konsumtions- och investeringsvaror (Q) som hushållet köper per år till genomsnittligt pris (P). Penningmängd (M) · penningmängdens omloppshastighet per år (V) = genomsnittligt pris (P) · kvantitet inköpta konsumtions- och investeringsvaror per år (Q).

Sambandet M · V = P · Q, är en identitet, innebär definitionsmässigt att det alltid råder likhet mellan vänstra (M · V) och högra uttrycket (P · Q) om likhetstecknet (=). En identitet övergår till en teori när vi kan förklara antaganden om hur de ingående storheterna bestäms och inbördes påverkar varandra. Ett hushåll = (1 · M) · V = P · (1 · Q) och tusen hushåll (1 000 · M) · V = P · (1 000 · Q). Sambandet har anor från 1600- och 1700-talet. Att generalisera (dra allmänna slutsatser) från detaljperspektiv på mikronivå till helhetsperspektiv på makronivå. Hushållens vardagsekonomi är över-blickbart momentant, en nations samhällsekonomi är inte direkt överblickbar. En nations avbildning sker inte direkt ögonblickligen utan med statistisk tidsfördröjning. Verklig faktisk samhällsekonomi → statistisk beskrivning utifrån insamlat tidsför-dröjd statistiska data → matematisk bearbetning och sambandsanalys → samhällse-konomisk makroteori. Penningmängd per månad och hushåll (m), antal hushåll (n), varumängd per månad och hushåll (q), tolv månader per år (T = 12), penningmängd per månad och nation (M = m · n), varumängd per månad och nation (q · n). Om-loppshastighet per månad (v) och per år (V = v · T). Ett hushålls inkomst och utgift per månad, inkomst (m · v) = utgift (P · q). Härledning från mikro till makro: M · V = (m · n) · (v · T) och P · Q = P · (q · T · n) och M · V = P · Q = BNP.

2:1 Från förädlingsvärde till BNP

Företags produktions- och förädlingsvärde (40 %) = kund försäljnings- och marknads-värde (100 %) − leverantör inköps- och resursvärde (60 %). Resurs (60 %) + produkt-ion, förädlingsvärdeprocess (40 %) = produkt, prestation (100 %). Företags produce-rade mervärde (40 %) = personal arbetsvärde (28 %) + kapitalvärde (12 %).

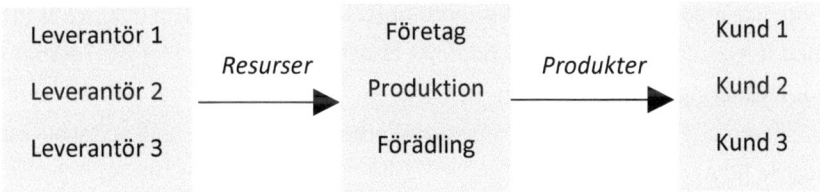

Resurser från leverantörer är inköpsvärde (60 %) + förädlingsvärde (40 %) skapat i företagets produktion med produktionsfaktorer personal och kapital = försäljning av producerade kundprodukter är marknadsvärde (100 %). En nations summa föräd-lingsvärde per år = BNP. En nation med BNP per år = 5 000 mdkr och två miljoner privata och offentliga produktionsenheter, en produktionsenhets genomsnittliga förädlingsvärde per år (BNP-bidrag) är 2,50 miljoner kr, 2 miljoner förädlingsvärde-bidragsgivare gånger BNP-bidrag 2,50 miljoner kr = BNP 5 000 mdkr. Exempel: En person köper en produkt för 1 300 kr, 300 kr är materialkostnad för att tillverka produkten, då har företaget kvar 1 000 kr, vilket är förädlingsvärdet. Företagsekonomiskt beräknas förädlingsvärde (F) = personalkostnad (PK) + resultat före avskrivning (RFA). F ≡ PK + RFA ≡ försäljningsintäkt (FI) − inköpskostnad (IK), är en matematisk identitet.

▪ Kund och marknadsvärde	100 %
▪ Leverantör och inköpsvärde	- 60 %
▪ Produktion och förädlingsvärde	= 40 %
▪ Personal och arbetsvärde	- 28 %
▪ Kapital och avkastningsvärde	- 12 %
▪ Kvar att fördela	= 0 %

Förädlingsvärdes- och tideräkning. Tidpunkt periodbörjan (t1) = ingående värde (IV), t1 är inte lika med (t + 1). Tidpunkt periodslut (t2) = utgående värde (UV), t2 är inte lika med (t + 2). Tidsperiod mellan tidpunkt t1 och t2 är Δt, t2 = t1 + Δt. Tecknet Δ står för förändring och differens. In- och utgående värde realkapital (IVK och UVK). Förädlingsvärde (F) per tidsperiod = personal arbetsvärde (PK) + realkapital avkastningsvärde (RFA).

Realkapitalets procentuella bruttoavkastning (R) = RFA/IVK. Realkapitalets procentuella förslitningstakt = deprecieringstakt (d), procentuell finansiell räntekostnad per realkapital (r), procentuellt resultat före skatt (v), R = d + r + v. På en perfekt konkurrensutsatt marknad går v mot noll, då blir R = d + r. Om IVK = 10 000 kr, R = 10 %, blir RFA = IVK · R = 10 000 kr · 10 % = 1 000 kr. R = d + r = 7 % + 3 % = 10 %, investering (I) är 1 200 kr, depreciering (D) = d · IVK = 700 kr, UVK = IVK + I – D = 10 000 kr + 1 200 kr – 700 kr = 10 500 kr. UVK = IVK · (1 – d) + I. För att K skall öka i samma tillväxttakt som YP, så gäller att I = (d + gp) · K. Nominell potentiell BNP-tillväxt = gp.

Kapital- och flödesräkning. Kapital (beståndsstorhet) beräknas i två tidpunkter per år. Inkomst (flödesstorhet) beräknas per tidsperiod mellan två tidpunkter. Depreciering ingår i realkapitalets bruttoavkastning men minskar realkapitalets utgående värde. Investering ökar realkapitalets utgående värde. Ränta på realkapital påverkar inte UVK, men påverkar utgående värde på hushållens och företagens finansiella kapital (H). UVH = IVH + r · IVK, förenklad kort version. Realkapital är en beståndsstorhet som används i produktions-, investerings- och räntefunktion, och har därmed stor betydelse i makroekonomisk teori.

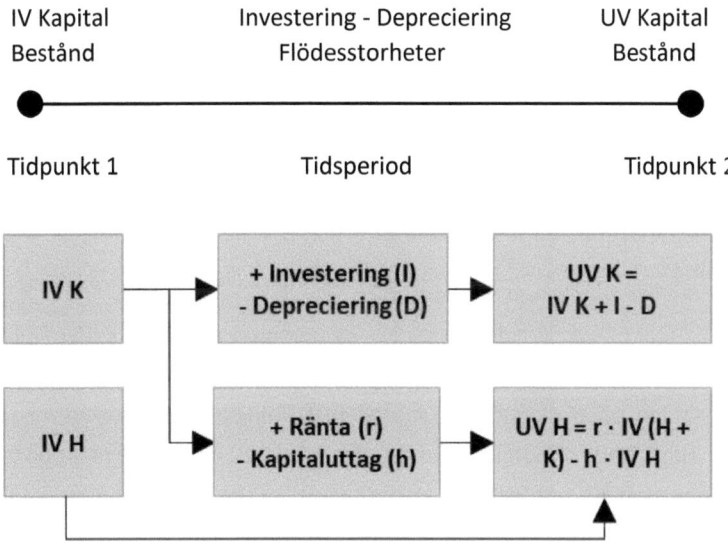

Finansiellt kapital (H) kan vara finansiell fordran och tillgång (FT), och finansiell skuld (FS). Realkapital (K) är reell tillgång, eget kapital (E) är finansiell skuld till ägarna. Kapitalresonemang på nationalekonomisk makronivå är kollektivt aggregerad (sammanslagen). Kapitalresonemang inom hushålls- och företagsekonomi på mikronivå är individuellt disaggregerad. Person A lånar till bank 200 kr, bank lånar till person B 200 kr. Bank är intermediär (mellanhand) till person A och B.

- Person A kapital: 800 kr (K) + 200 kr (FT) = 1 000 kr (E).
- Person B kapital: 1 000 kr (K) = 800 kr (E) + 200 kr (FS).
- Banks kapital 200 kr (FT person B) = 200 kr (FS person A).
- Person A och B kapital: 1 800 kr (K) + 200 kr (FT) = 1 800 kr (E) + 200 kr (FS).

Bank ägs av person A och B. En bank i Sverige (SBAB) ägs av offentlig sektor, resterande banker ägs av hushållssektorn och hushållsägda företagssektorn (inklusive banksektor). Finansiellt kapital (H) är både finansiell tillgång (FT), H = FT, och samtidigt finansiell skuld (FS), H = FS, ett mynt har en kron- och klavesida, mynt = krona och mynt = klave. Kollektivt aggregerat gäller kapitalräkning för person A och B samt gemensamägd bank: 1 800 kr (K) + 200 kr (H) = 1 800 kr (E) + 200 kr (H), finansierat kapital på höger kreditsida ägs av person A och B kollektivt, finansierat kapital är passivt kapital.

Investerat kapital på vänster debetsida ägs av person A och B kollektivt, investerat kapital är aktivt kapital. Aktivt kapital och kapitalanvändning på debetsidan (K + H) skapar avkastning, passivt kapital och kapitalanskaffning på kreditsidan (E + H) kräver avkastning. Hushållens disponibla inkomst efter skatt (DI = Y − T) fördelas på C och S. Skatt är proportionellt mot BNP, T = skattenivå (t) · Y. Bruttonationalprodukt (BNP) är approximativt lika med bruttonationalinkomst (BNI), DI = BNI - T = (1 - t) · BNI. Hushållsägda företagssektorn och offentliga sektorns producerade förädlingsvärden per år, BNP, fördelas på arbetsinkomst och kapitalinkomst.

Industriländer har stort sparande och kapitalinkomster, stor industriproduktion har stort beroende av produktionsfaktorn realkapital. Icke industriländer har litet sparande och kapitalinkomster, liten industriproduktion har litet beroende av produktionsfaktorn realkapital. Beräkna BNP från produktions-, inkomst- och utbudssidan är relativt enkelt. Producerat värde = produktionsinkomst, fördelas på arbets- och kapitalinkomst. Nationens arbetsinkomst är antal sysselsatta gånger arbetsinkomst per sysselsatt. Nationens kapitalinkomst är realkapitalvärde gånger avkastning per realkapitalvärde. Producerat värde (BNP) = förädlingsvärde per producerad enhet (P) · produktion (Q). Produktionsinkomst (BNI) = arbetsinkomst per sysselsatt (W) · sysselsättning (N) + avkastning (R) · realkapital (K). Från förhistorisk tids grottmålningar med olika avbildningar och symbolbilder, till modern tids bokstavs- och symbolräkning (algebra) för att med logik och matematikens hjälp, kunna avbilda nationers politiska och ekonomiska system.

Italienska munken Luca Pacioli, anses vara den första att publicera en bok om algebra år 1494, med boktitel Sammanfattning av aritmetik, geometri, proportion och proportionalitet, dock tog det flera hundra år att implementera en standardiserad och entydig symbolisk algebra. Luca Pacioli beskriver även i sin bok från 1494 de matematiska principerna bakom dubbel italiensk bokföring (räkenskapssystem). Hur formuleras med logisk matematisk härledning, ett globalt politiskt, socialt, ekonomiskt och ekologiskt hållbart system för planeten Jorden, det är och kommer att bli en utmanande uppgift för internationell vetenskaplig forskning. Kapital- och tidspunktsräkning görs på beståndsstorheter, som realkapital och finansiellt kapital i två olika tidpunkter per år, början av året (t1) och slutet av året (t2). Flödes- och tidsperiodsräkning görs på flödesstorheter, som BNP, konsumtion och investering under tidsperiod (Δt) mellan två tidpunkter (t1 och t2).

2:2 Realkapital, finansiellt kapital och ränta

Realkapital (K), finansiellt kapital (H), ränta (r). Ingående värde (IV) K tidpunkt 1 (t1) = IVK(t1), kan förenklas då IV relaterar till tidpunkt 1, IVK(t1) ersätts med IVK, UVK(t2) ersätts med UVK. Realkapital: UVK = IVK + investering (I) – depreciering (D). K är beståndsstorhet och beräknas per tidpunkt (t1 och t2). Investering (I) och depreciering (D) är flödesstorheter och beräknas per tidsperiod. Om K skall växa i samma takt som nominell BNP-tillväxt (gp) måste I = (d + gp) · IVK. Finansiellt kapital: UVH = IVH + privat finansiellt inkomstsparande + ränta på finansiellt kapital och realkapital [r · IV (H + K)] - kapitaluttag för konsumtion (h · IVH).

Härledning av privat finansiellt inkomstsparande (PFS):

- AE = Y = C + I + G + NX och Y – T + T = C + I + G + NX
- S = Y – T – C. Offentligt finansiellt sparande = T – G
- (Y – T – C) + (T – G) = S + OFS = I + NX och PFS = S – I
- (S – I) + OFS = NX och PFS + OFS = nettoexport
- Nationens finansiella sparande = NX = X – M = PFS + OFS

Om IVH = 5 000, kapitaluttag för konsumtion = h · IVH = 7 % · 5 000 = - 350, privat finansiellt inkomstsparande = 184, ränta på finansiellt kapital och realkapital = r · IV (H + K) = 3 % · (5 000 + 10 000) = 450. UVH = IVH + privat finansiellt inkomstsparande – h · IVH + r · IV (H + K) = 5 000 + 184 – 350 + 450 = 5 284 (ökning med 5,68 %). Inkomstrelaterat finansiellt sparande är nettot mellan sparande (S) och investering (I) utan kapital, kapitalrelaterat finansiellt sparande = r · IV (H + K) – h · IVH. Upplupen ränta är förväntad ränta, men inte realiserad erhållen ränta. Erhållen ränta i tidpunkt 2 (t2) uppdaterar finansiellt kapital, UVH ökar vid årets slut med räntekapitalisering. Realkapital uppdateras av investering (+) och depreciering (-), men inte av ränta. I beteendeekvationen, konsumtion (C) = (h − r) · IVH + b · DI, är ränta = upplupen ränta och inte erhållen ränta, disponibel inkomst (DI) = BNI − T. Kapital uttag för konsumtion i aktuell period = h · IVH, kapital avsättning för konsumtion i nästa period = r · IVH, räntan ökar och kapitaliserar UVH, som påverkar C i nästa period. Med IVH som påverkar årets C, och UVH som påverkar nästa års C, så skapas kontinuitet (oavbruten följd) mellan perioder.

2:3 Derivata och marginell förändring

Ursprunglig primitiv funktion Y = m + k · X, blir genom derivering, en förändringsfunktion ΔY = k · ΔX. Derivering av primitiv lägesfunktion blir förändringsfunktion. Integrering av förändringsfunktion blir primitiv lägesfunktion. Icke linjär produktionsfunktion (Q) = total faktorproduktivitet (A) · KP^a · $N^{(1-a)}$, kan genom derivering omvandlas till linjär funktion. Realkapitalstockens (KP) produktionsandel = a, och sysselsättningens (N) produktionsandel = (1 − a).

- dQ/dN = MN = (1-a) · Q/N och Q(N) = MN · N = (1-a) · Q

- dQ/dKP = MK = a · Q/KP och Q(KP) = MK · KP = a · Q

- Q(N) = (1-a) · Q och Q(KP) = a · Q, Q = Q(N) + Q(KP)

Sysselsättningens marginalprodukt (MN), visar hur mycket Q förändras (ΔQ) när N ökar med en sysselsättningsenhet. Realkapitalets marginalprodukt (MK), visar hur mycket Q förändras när KP ökar med en realkapitalenhet. Derivata (marginell liten förändring), integral (total kumulativ förändring). Derivering av Q med avseende på N = dQ/dN = MN. Integrering av Q med avseende på N = $\int \frac{dQ}{dN}\, dN = \int dQ(N)$ = Q(N) = MN · N = (1-a) · Q. Total förändring = summan av många marginella förändringar. Inom en period, statisk räkning, är realkapital (KP) fast och sysselsättning (N) rörlig. Icke linjär produktionsfunktion Q = A · KP^a · $N^{(1-a)}$ och linjär produktionsfunktion Q =

MN · N + MK · KP. Realkapitalvärde (K) och realkapitalstock (KP), allmän genomsnittlig prisnivå i samhället (P). Om A = 0,728, KP = 8 000, a = 0,20, 1-a = 0,80, MN = 0,64 och MK = 0,10, vad blir Q när N varierar i icke linjär och linjär produktionsfunktion:

N	Icke linjär	Linjär
4 840	3 897,27	3 897,60
4 920	3 948,72	3 948,80
5 000	4 000,00	4 000,00
5 080	4 051,12	4 051,20
5 160	4 102,08	4 102,40

Tabellresultat visar god överensstämmelse, produktion avviker med decimaler och inte med heltal. Linjär produktionsfunktion matchar linjär efterfrågefunktion. Linjär värdefunktion = allmän prisnivå (P) · beräknad volymkvantitet i linjär produktionsfunktion. Enligt tabell ovan sysselsättning (N) = 5 000 ger produktion (Q) = 4 000, prisnivå (P) = 1,25, Y (produktionsvärde) = P · Q = 5 000. BNI = W · N + R · K = BNP = P · Q, sysselsättningens andel av Q = Q(N) = (1 – a) · Q = 0,80 · 4 000 = 3 200, resterande del är realkapitalets andel av Q = 800. Lön per sysselsatt (W) = 0,80, avkastning per realkapitalvärde (R) = 0,10. Vad händer om N ökar med 100, ΔN = 100, Q ökar med MN · ΔN = 0,64 · 100 = 64, *arbetsvärde* = P · Q(ΔN) = 1,25 · 64 = 80 och *arbetskostnad* = W · ΔN = 0,80 · 100 = 80.

Derivering och marginell förändring är inte godtyckligt anpassat utan optimalt matematiskt anpassat. Användning av derivata, integral och differentialekvationer, utvecklingsperiod cirka 1500-1950 (fyrahundrafemtio år), är en matematisk optimeringsteknik. Sysselsättningens marginalprodukt (MN) = (1 – a) · Q/N = 0,80 · 4 000/5 000 = 0,64. Värdet av MN = P · MN = W, och P · MN · ΔN = P · ΔQ = W · ΔN. Reallön (W/P) = ΔQ/ΔN = MN. Sysselsättning (N), produktion (Q), genomsnittlig produktion (qN), marginell produktion (MN). Q = ∑MN, qN = Q/ N.

N	MN	Q	qN
1	10	10	10,00
2	9	19	9,50
3	8	27	9,00
4	7	34	8,50
5	6	40	8,00

$Q(5) = \sum MN = 10 + 9 + 8 + 7 + 6 = 40$, $qN(5) = Q(5)/5 = 40/5 = 8$. N(1) producerar 10 produkter per timme = MN(1) = 10. N(2) producerar 9 produkter per timme = MN(2) = 9 och så vidare. Lön per sysselsatt och timme (W) = 250 kr, lön per produkt = (W · N)/Q = (250 · 5)/40 = 31,25 kr. Mikroekonomiskt resonemang med fokus på matematisk optimering, är ibland användbart inom makroekonomi med fokus på full sysselsättning enligt Konjunkturinstitutets skattning och stabil inflation (riksbankens inflationsmål).

2:4 Makroteori är en tvärvetenskaplig syntes

Makroekonomisk teori och teoribildning, är beroende av flera andra akademiska skolämnen. Studier i makroekonomi förutsätter gedigna förkunskaper i följande områden på universitets- och högskolenivå:

- Ekonomisk historia (bakgrund, idéer och utveckling)
- Vetenskapsteori (kunskapsprocess)
- Matematik (räkna på samband, identifiera mönster)
- Statistik (myndighetsdata)
- Mikroekonomi (resonemang individ, företag, marknad)

Före andra världskriget dominerade mikroekonomisk teori, ett underifrån aggregerat produktionsinriktat perspektiv från individ, hushåll, företag, marknad till nation. Efter andra världskriget i Västeuropa, Nordamerika och Norden ökade antal studerade på universitet och högskola, där aggregerad efterfrågan styr produktion på makronivå. Matematik och statistik flyter i vissa fall ihop, då statistiska metoder för att bearbeta och analysera statistiska data är härledda matematiskt. Inom mikroekonomisk teori fokuseras på optimering av resursutnyttjande och inom makroekonomisk teori fokuseras på jämvikt och full sysselsättning i samhället.

Statistik är och blir officiellt via media. Makroekonomi är inofficiellt, och är ett akademiskt skolämne som studeras på universitet och högskolor av studenter och doktorander i åldersintervall 20-40 år. Från statistiska myndighetsdata till samhällsekonomisk beskrivning på nationell makronivå med matematiska storheter, symboler och samband. Metaforisk liknelse, om statistiska myndighetsdata är tegelstenarna i en mur så är akademisk makroekonomisk teori cementet som fogar samman tegelstenarna. Med statistiska data som grund kan en förklarande berättelse och narrativ skapas med makroekonomisk teori. Politiker och myndigheter använder makroekonomisk teori och terminologi när statistiska data publiceras via media till allmänheten.

Nyproducerade värden uppdaterar och ackumulerar löpande nationens BNP per år. Omfördelning av historiska värden i nutid, kan inte direkt härledas från årets BNP. Om PFS = 0 på nationell makronivå, betyder det inte att privat finansiellt sparande (PFS) är noll på individuell mikronivå. Det gäller framför allt för kapitalrelaterat PFS och mindre av inkomstrelaterat PFS, då lön och arbetsinkomst utgör en betydande stor andel av BNP.

2:5 Delar (mikro) bildar helhet (makro)

En bok är en utmaning för författare och läsare. Alla textstycken skall vara logiska, tydliga och relevanta, så att de kan fogas ihop i logisk följd till en helhetsbild. En matematisk makroekonomisk modell är beroende av statistiska data (SCB) och statistiska referensdata (KI).

Potentiell BNP (YP) är statistiskt konstruerat referensvärde, YP = PP · QP = WP · NP + RP · KP, QP = qp · NP = MN · NP + MK · KP. YP = 1,25 (PP) · 4 000 (QP) = 0,80 (WP) · 5 000 (NP) + 0,125 (RP) · 8 000 (KP) = 5 000. QP = 0,80 (qp) · 5 000 (NP) = 0,64 (MN) · 5 000 (NP) + 0,10 (MK) · 8 000 (KP) = 4 000.

Plus, minus, gånger, delat, är matematik på grundskolenivå, makroekonomiska problem är inte svåra men omfattande, då många storheter, symboler och samband skall hanteras. Beräkningsordning i matematiska makroekonomiska modeller: (1) Beräkna YP, PP, QP, (2) beräkna aggregerad efterfråga = C + I + G + NX, (3) beräkna Y, P, Q. Att det finns avvikelser från en teori, är bevis för att det är en teori. Genom att lösa avvikelserna utvecklar man en teori till en bättre teori.

Exempel: **STEG (1)** YP = PP · QP = 1,25 · 4 000 = 5 000.

STEG (2) AE = C + I (G, NX inte med) = C0 + (h − r) + b · AE + I0 − r · K = 280 + (0,06 − 0,03) · 4 000 + 0,68 · AE + 1 500 − 0,03 · 10 000 = 1 600/(1 − 0,68) = 5 000.

STEG (3) Y = AE, p = pm + f · (Y − YP)/YP = 0,02 + 0,31 · (5 000 − 5 000)/5 000 = 0,02, P = PP och Q = QP. _Räntenivån (r) ökar till 3,40 %_, AE = (280 + (0,06 − 0,034) · 4 000 + 1 500 − 0,034 · 10 000)/(1 − 0,68) = 4 825, p = 0,02 + 0,31 · (4 825 − 5 000)/5 000 = 0,915 %, P = PP/(1 + pm) · (1 + p) = 1,25/1,02 · 1,00915 = 1,2367 och Q = Y/P = 3 902, u = un − (1 − un) · (Y − YP)YP = 0,07 − 0,93 · (4 825 − 5 000)/5 000 = 10,255 %. 4 825 (Y) < 5 000 (YP) lågkonjunktur. _Räntenivån (r) minskar till 2,60 %_, AE = (280 + (0,06 − 0,026) · 4 000 + 1 500 − 0,026 · 10 000)/(1 − 0,68) = 5 175, p = 0,02 + 0,31 · (5 175 − 5 000)/5 000 = 3,085 %, P = PP/(1 + pm) · (1 + p) = 1,25/1,02 · 1,03085 = 1,2633, Q = Y/P = 4 096, u = un − (1 − un) · (Y − YP)YP = 0,07 − 0,93 · (5 175 − 5 000)/5 000 = 3,745 %. 5 175 (Y) > 5 000 (YP) högkonjunktur.

När r = rp = 3 %, är Y = AE = YP, N = NP, u = un, p = pm, P = PP och Q = QP. Y = YP jämvikt och balanserad konjunktur mot trend. Produktion (Q), produktionsförändring (ΔQ), produktivitet (q) = Q/N, produktivitetstillväxt (Δq %), q period 2 = q period 1 · (1 + Δq %). Q period 2 = Q period 1 · (1 + Δq %) · (1 + n), sysselsättningstillväxt (n). YP = PP · QP = PP · qp · NP. Y = P · Q = P · q · N.

Antagande PP · qp ≈ P · q. Relativt BNP-gap (bg) = (Y − YP)/YP, när PP · qp = P · q gäller, p = pm + f · bg, P = PP/(1 + pm) · (1 + p), u = un − (1 − un) · bg och N = (1 + bg) · NP. Realkapitalstock (KP) = realkapital (K)/potentiell prisnivå (PP), K = PP · KP. Effektivt fysiskt realkapital (KE) = A · KP. Total faktorproduktivitet (A). Effektiv sysselsättning (NE) = A · N. Produktionsfunktion Q = A · KP^a · N$^{(1-a)}$ = KE^a · NE$^{(1-a)}$. Värdet av KE = P · KE. Värdet av NE = P · NE. Värdefunktion Y = P · Q = (P · KE)^a · (P · NE)$^{(1-a)}$. KE och KP används i produktionsfunktion. K används i investeringsfunktion, I = I0 − r · K. R = PP · (d + gp + rp − r), R · KP = R/PP · K.

3 TRE BETYDELSEFULLA EKONOMER

Adam Smith (1723-1790) författare till boken Nationernas välstånd år 1776, idéutkast om marknadsekonomi, kallas för nationalekonomins fader, produktionens ändamål är konsumtion, arbetsfördelning mellan människor skapar effektivitet och nytta i samhället, många samhällen, byar och orters ekonomier kan sammanslås och aggregeras till nationens ekonomi. Summan av många små mikroekonomiska storheter aggregeras kumulativt till en stor makroekonomisk storhet.

Karl Marx (1818-1883) författare till boken Kapitalet år 1867, idéutkast om planekonomi, arbetsvärdelära, sysselsättning är viktigare än kapital, kapitalets dubbla funktioner i samhället, dels som tillgång och produktionsfaktor, och dels som skuld och finansiell faktor med kapitalavkastningskrav.

John Maynard Keynes (1883-1946) författare till boken Allmän teori om sysselsättning, ränta och pengar år 1936, idéutkast om blandekonomi, hans bok i svensk utgåva 1945 Sysselsättningsproblemet, allmän teori om produktion, ränta och pengar, kallas för makroekonomins fader. Full sysselsättning är ett dominerande mål i Keynes teori. Mellan klassisk teori (Smith och Marx) och keynesiansk teori (Keynes), hamnar neoklassisk teori (marginalism) med stort inflytande på ekonomiskt tänkande under glansperiod 1870-1940. Efter andra världskriget slut år 1945, forskare runt om i världen tolkar Keynes teori ur olika perspektiv, deras resultat presenteras i mitten av 1950-talet. Nationer som ingår i OECD tillämpar Keynes teoribildning under period 1950-1976.

År 1976 får Milton Friedman Sveriges riksbanks pris i ekonomisk vetenskap till Alfred Nobels minne, Friedman och monetarism (penningvärdelära) samt penningpolitisk myndighetsstyrning kontrasteras mot Keynes teori (arbetsvärdelära), keynesianism och finanspolitisk myndighetsstyrning. Tre veckor före årsskiftet 1969 och 1970 utdelas ekonomipriset första gången, vilket innebär ett mycket stort statuslyft för ämnet nationalekonomi och ekonomisk politik.

Vad förenar de tre ekonomerna, *arbetsfördelning hos Smith, arbetsvärdelära hos Marx, sysselsättning hos Keynes*, samtliga har arbete och sysselsättning som viktigaste betydelse- och bestämningsfaktor för nationers ekonomiska tillstånd och tillväxtmöjligheter. Arbetskraft består av antal sysselsatta och antal arbetslösa, procentuell arbetslöshet = 1 − sysselsättning/arbetskraft, desto större avvikelse mellan sysselsättning och arbetskraft desto större arbetslöshet. Sysselsättning tillsammans med produktionsfaktorerna teknisk utbildning, kompetens och realkapital påverkar företags, myndigheters och nationers produktionsnivå som multiplicerat med genomsnittligt förädlingsvärde per producerad enhet blir nationers totala förädlingsvärde och BNP.

Religiösa, filosofiska och politiska livsåskådningar påverkar hur nationer definierar och konstruerar statistiska och matematiska räkenskapssystem, syfte och mål är att mäta och skatta nationers ekonomiska aktiviteter värderat och omräknat i antal penningenheter. Grundläggande värderingar och synsätt formar hur människor ser på världen, moral och kunskap, vilket påverkar val av prioriteringar och organisering. Nationer som värderar individualism och frihet har ett annat synsätt på skatter och offentliga utgifter än nationer som prioriterar kollektivism och jämlikhet. Filosofiska perspektiv på kunskap och vetenskap påverkar hur nationer utformar utbildningssystem och investering i forskning, infrastruktur och teknik.

Social ingenjörskonst, begrepp inom sociologin, genom lagstiftningsarbete, beskattning, samhällspolitiska beslut, planering, utbildning och andra samhälleliga insatser försöka åstadkomma en omdaning av samhället. Uttrycket har använts sedan sekelskiftet 1900. Matematik är en grundläggande vetenskap som används inom många områden, som ekonomi, teknik och naturvetenskap med mera. Filosofiska synsätt på matematikens natur och dess relation till den verkliga världen påverkar hur matematik undervisas, tillämpas och prioriteras i nationers utbildningssystem och samhällsstruktur. Filosofiska perspektiv på ekonomi och rättvisa påverkar hur nationer utformar juridiska- och ekonomiska system samt skattesystem.

Nationer som följer en utilitaristisk filosofi prioriterar ekonomiska åtgärder som skall ge största möjliga nytta till största möjliga antal människor. Filosofiska livsåskådningar är en del av det bredare kulturella och intellektuella landskapet som påverkar hur nationer tänker, organiserar sig och utnyttjar sina resurser. Även om det inte finns en direkt koppling mellan filosofi och matematiska utformade räkenskapssystem, kan de underliggande värderingarna och synsätten påverka beslut och prioriteringar på olika nivåer i samhällen.

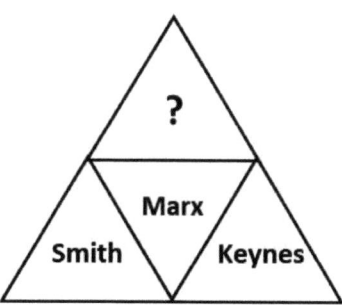

Smith, Marx och Keynes samhällsfilosofiska, nationalekonomiska och vetenskapliga paradigm har inte ersatts, ännu, av något nytt politiskt eller ekonomiskt paradigm och system. Små modifieringar och justeringar görs löpande men inga nya omstörpande och revolutionerande helhetsgrepp. Samhällsfilosofi och samhällsfördrag. Naturtillstånd, *självhushållande samhällssystem* med inslag av begränsat gemensamt arbete per avgränsad liten ort (glesbygd), definieras som det samhällsstiftande fördrag som fria individer ingår med varandra i det ursprungliga samhällslösa tillståndet.

Ett mer kulturellt politiskt tillstånd, *penninghushållande samhällssystem*, samhällsfördrag som bygger på ömsesidigt avtal mellan folket och en eller flera starka ledare, om löfte om beskydd, säkerhet och rättvisa lagar. Självhushållande samhällsekonomiska system utan pengar, banker, offentlig sektor, där alla arbetar med självhushållande och livsuppehållande arbete, är utan ränta, skatt, inflation och arbetslöshet.

Penninghushållande politiska samhällsekonomiska system, är med ränta, skatt, inflation och arbetslöshet. *Om en nations centralbank och centralmyndighet kan skapa obegränsat mycket pengar och sysselsättning, kan då nationen ha penning- och sysselsättningsbrist?*

Tre sekler, 1700-, 1800- och 1900-talets ekonomiska tänkande och idéer, som presenteras av Smith, Marx och Keynes, är samhällsfilosofiska betraktelser av samhällsekonomi, de är inga läroböcker utan idéutkast. De beskriver olika samhällsfenomen var för sig, och inte integrerat i något komplett nationalekonomiskt system, som ger möjligheter att matematiskt analysera och räkna på olika scenarier och konsekvenser.

Varken Smith, Marx eller Keynes presenterar någon tillväxtteori eller produktionsfunktion med produktionsfaktorer total produktivitetsfaktor, realkapital och sysselsättning. Från slutet av 1940-tal har forskats mycket om tillväxt och produktion, 1987 tilldelas Robert Solow Sveriges riksbanks pris i ekonomisk vetenskap till Alfred Nobels minne, för hans insatser inom teorin för ekonomisk tillväxt. I senare skrifter och forskningsarbeten har Robert Solow utvecklat sin tillväxtteori, bland annat genom att teoretiskt och statistiskt studerat det tekniska framåtskridandets betydelse för ekonomisk tillväxt.

4 PILDIAGRAM OCH ÖVERGRIPANDE SAMBAND

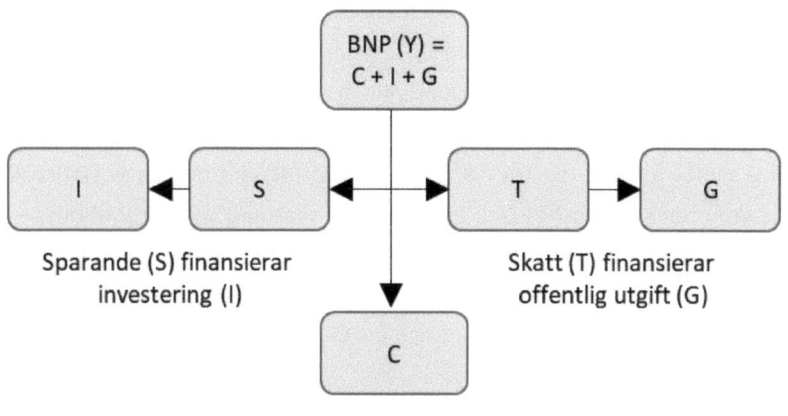

Konsumtion (C) = Y - T - S

När T = G, är S = I, och Y = C + I + G = C + S + T. Efterfrågestorheterna C + I + G är BNP:s bestämningsstorheter. Pildiagram skall ge intuitiv övergripande förståelse till hur delar i system samverkar för att skapa en helhetsbild. Figuren ovan gäller för sluten ekonomi.

Nationers sektorsindelning: (1) offentlig myndighetssektor, (2) privat myndighetsberoende sektor, (3) privat marknadsberoende sektor. Offentlig sektor budgeterar offentlig inkomst och skatt (T = T0), offentlig verksamhet och utgift (G = G0), offentligt finansiellt sparande (OFS) = T – G. Investeringar (I = I0) skattas statistiskt, privat finansiellt sparande (PFS) = S - I. Konsumtion (C) är den tredje efterfrågestorheten i en sluten nations ekonomi, där BNP = BNI = bruttonationalutgift (BNU) = AE = summan av tre efterfrågestorheter (C + I + G). T och G bestäms av myndighet, I bestäms statistiskt, C och Y beräknas matematiskt.

C = autonom statistiskt bestämd konsumtion (C0) och inkomstrelaterad konsumtion C(Y - T), C = C0 + C(Y – T). Disponibel inkomst (DI) = Y – T, fördelas på C och S, DI = C + S. Inkomstrelaterad konsumtionsandel av DI är b, och inkomstrelaterad sparande andel = 1 – b.

Marginell konsumtionsbenägenhet (b) och marginell sparbenägenhet (1 – b) påverkar hur DI fördelas mellan C och S. C = C0 + b · DI och S = - C0 + (1 – b) · DI. Y = C0 + b · (Y – T) + I + G = (C0 + I0 + G0 – b · T0) + b · Y = A0 + b · Y, BNP är funktion av statistisk myndighetsstyrd efterfrågestorhet (A0) och statistisk skattning av konsumtionsbenägenhet (b), Y = A0/(1 – b). Statistiska data visar att budgeterad skatt (T0) avviker från bokförd skatt (T). Bokförd skatt (T) = budgeterad skattenivå (t) · bokförd BNP (Y), skatt är proportionell mot BNP, T = t · Y och C = C0 + b · (1 – t) · Y.

- *BNP med bokförd skatt ex post = (C0 + I0 + G0) + b · (1 – t) · Y*
- *Bokförd skatt ex post T = t · Y och mp = 1/[1 – b · (1 – t)]*
- *A0 = C0 + I0 + G0 och Y = A0/[1 – b · (1 – t)] = A0 · mp*
- *BNP med budgeterad skatt ex ante = (C0 + I0 + G0 – b · T0) + b · Y*
- *Budgeterad skatt ex ante T = T0 och mp = 1/(1 – b)*
- *A0 = C0 + I0 + G0 – b · T0 och Y = A0/(1 – b) = A0 · mp*

Faktorn som multipliceras med A0 kallas för multiplikator (mp), som varierar beroende på hur samband formuleras i systemet. Keynes teori fokuserar på konsumtionsfunktion (C), konsumtionsbenägenhet (b) och konsumtionens multiplikator (mp) som i exemplet är 1/(1 – b) eller 1/[1 – b · (1 – t)]. C = Y – T – S är ekvivalent med C + S = Y – T = DI, där C = C0 + b · DI och S = - C0 + (1 – b) · DI.

Keynes teori betonar konsumtionens betydelse för att nå full sysselsättning i samhället.

- Konsumtionsfunktion $C = C0 + b \cdot (Y - T)$

- Autonom konsumtion = $C0$

- Inkomstrelaterad konsumtion $C(Y - T) = b \cdot (Y - T)$

- Bruttonationalinkomst (BNI) och inkomstskatt (T)

- Disponibel inkomst (DI) = BNI − T

- Marginell konsumtionsbenägenhet (b) = $\Delta C / \Delta DI$

- Konsumtionsmultiplikator (mp) = $1/(1 - b)$

- Autonom aggregerad efterfråga (A0)

- BNP (Y) = $mp \cdot A0$

Differensekvationer (Δ = differens), statistisk ekvation $Y = C + I + G$, omskriven ekvation $Y = C + S + T$. Anta utgångsläge $I = S$ och $G = T$. Differensekvation $Y = C + (S + \Delta S) + (T + \Delta T)$, $\Delta T = - \Delta S$. Ökar S med ΔS, minskar T med $\Delta T = - \Delta S$. När T minskar med oförändrad BNI och C, så ökar DI och konsumtionsbenägenhet (b) minskar. När T ökar med oförändrad BNI och C, så minskar DI och b ökar. Privat finansiellt sparande (PFS) = S − I, när S > I så privat finansiellt sparöverskott, när S < I så privat finansiellt sparunderskott. Offentligt finansiellt sparande (OFS) = T − G, när T > G så offentligt finansiellt sparöverskott, när T < G så offentligt finansiellt sparunderskott. Gemensam faktor för PFS och OFS är skatt (T), T påverkar PFS negativt och OFS positivt.

Privat finansiellt sparöverskott sparas i bank, offentligt finansiellt sparunderskott lånas från bank. Offentligt finansiellt sparöverskott sparas i bank, privat finansiellt sparunderskott lånas från bank. Statistiskt samband Y = C + I + G är identiskt med matematiskt samband Y = C + S + T, som förklarar hur konsumtionsfunktion, konsumtionsbenägenhet (b), konsumtionens multiplikator (mp) påverkar beräkning av BNP. Y = C + S + T omskrivs till Y – T = C + S, är lika med DI = C + S. Om T minskar med oförändrad BNP och offentlig utgift, så ökar DI, OFS minskar, PFS ökar, sparbenägenhet 1 – b ökar och konsumtionsbenägenhet b minskar. Y = C + I + G = C + I0 + G0 identiskt med Y = C + S + T. Nationens finansiella sparande (NFS) = PFS + OFS = (S – I) + (T – G) är noll i sluten ekonomi.

- Orsakskedja: T$\downarrow$ → DI $\uparrow$ och S $\uparrow$ och (1 – b) $\uparrow$ → b $\downarrow$
- Orsakskedja: T$\uparrow$ → DI $\downarrow$ och S $\downarrow$ och (1 – b) $\downarrow$ → b $\uparrow$

En orsakskedja, är ett logiskt algebraiskt bevis som bygger på ett logiskt deduktivt resonemang. Ett numeriskt bevis är inte lika allmängiltigt som ett logiskt bevis, utan är ett avgränsat specifikt bevis. Anta C = C0 + b · (Y – T), OFS = T – G, PFS = S – I, C0 = 200, G = G0 = 1 500, I = I0 = 1 200, Y = C + I + G = C + S + T = 5 000. Hur påverkas konsumtionsbenägenhet (b) när (1) T = 1 400, (2) T = 1 500 och (3) T = 1 600.

(1) b = (2 300 − 200)/(5 000 − 1 400) = 0,583

(2) b = (2 300 − 200)/(5 000 − 1 500) = 0,600

(3) b = (2 300 − 200)/(5 000 − 1 600) = 0,618

Y, I, G oförändrade då gäller ΔC = 0, 2 300 (C) = 5 000 (Y) − 1 200 (I) − 1 500 (G).

(1) OFS = T − G = 1 400 − 1 500 = -100, PFS = S − I = 1 300 − 1 200 = 100

(2) OFS = T − G = 1 500 − 1 500 = 0, PFS = S − I = 1 200 − 1 200 = 0

(3) OFS = T − G = 1 600 − 1 500 = 100, PFS = S − I = 1 100 − 1 200 = -100

Avstämning, reglering och utjämning mellan OFS och PFS sker i banksektor.

- **Y = C + (S + ΔS↑) + (T + ΔT↓) = C + (S + ΔS↓) + (T + ΔT↑).**

Offentlig skuld ökar med offentligt finansiellt sparunderskott och med ränteuppräkning, samtidigt som privat fordran ökar med privat finansiellt sparöverskott och med lika stor ränteuppräkning. Det spelar ingen roll om det är upplupen eller erhållen ränta. De uppräknade finansiella posterna påverkar nästa periods BNP.

Transfererings-, omfördelnings- och bidragssystem. Skatt (T) finansierar offentlig konsumtion (G) och bidrag (B). C utan bidrag = C0 + b · (1 − t) · Y = 200 + 0,60 · (1 − 0,30) · 5 000 = 2 300. C med bidrag = C0 + b · [(1 − t) · Y + B] = 200 + 0,60 · [(1 − 0,50) · 5 000 + 1 000] = 2 300. Skattenivå (t) utan bidrag = G/Y = 1 500/5 000 = 0,30. Skattenivå med bidrag = (G + B)/Y = (1 500 + 1 000)/5 000 = 0,50. Hög skatt på höginkomsttagare med lågt bidrag, låg skatt på låginkomsttagare med högt bidrag, inkomstutjämning påverkar konsumtionsbenägenhet (b). Om b ökar med en procent från b = 0,600 till b = 0,606 så ökar BNP från 5 000 till 5 030 (ökning 0,60 %). INSURER OF LAST RESORT = försäkringsgivare i sista hand.

4:1 Sammanfattande samband på systemnivå

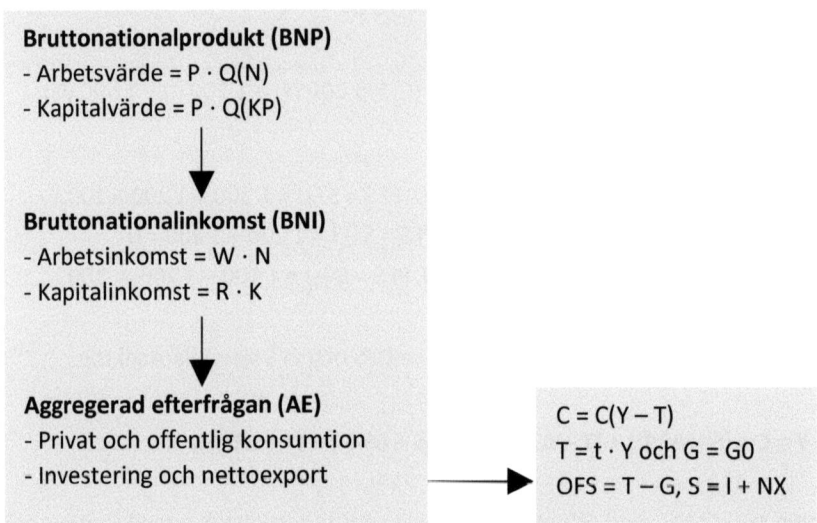

Bruttonationalprodukt (BNP)
- Arbetsvärde = P · Q(N)
- Kapitalvärde = P · Q(KP)

Bruttonationalinkomst (BNI)
- Arbetsinkomst = W · N
- Kapitalinkomst = R · K

Aggregerad efterfrågan (AE)
- Privat och offentlig konsumtion
- Investering och nettoexport

$C = C(Y - T)$
$T = t \cdot Y$ och $G = G0$
$OFS = T - G, S = I + NX$

BNP (produktvärde) = pris · sysselsättningens produktionsbidrag (arbetsvärde) och pris · realkapitalets produktionsbidrag (kapitalvärde). BNI = lön · sysselsättning (arbetsinkomst) och avkastning · realkapitalvärde (kapitalinkomst). AE = privat och offentlig konsumtion, konsumtionsskatt från konsumtionsfunktion finansierar offentlig konsumtion, investering är realt sparande och nettoexport är finansiellt sparande. Offentligt finansiellt sparande (OFS).

4:2 Enkelt ekonomiskt kretslopp

Produktion (Q), prisnivå (P), penningutbud (PU), omloppshastighet (V), lön (W), sysselsättning (N), avkastning (R), realkapital (K). Företag VAROR IN till varumarknad. Från varumarknad distribueras VAROR UT till hushåll. Hushåll tillhandahåller RESURSER IN till faktormarknad (K och N), från faktormarknad RESURSER UT till företag. Reala flöden (yttre kretslopp). Finansiella flöden (Inre kretslopp), hushåll betalar upprepade gånger per år (PU · V) och får arbets- och kapitalinkomst (W · N + R · K).

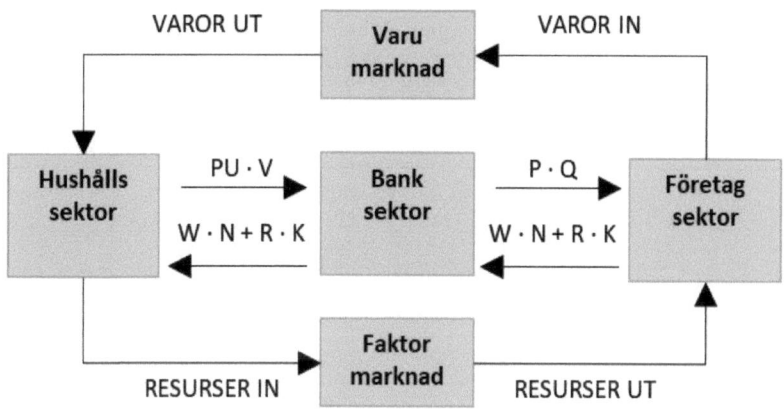

Jean-Baptiste Say (1767-1832), innehade en viktig befattning under Napoleon, han beskrev i en lärobok sin nationalekonomiska teori uppdelat i produktion, distribution och konsumtion. Says lag: Utbudet (produktionen) skapar sin egen efterfrågan. Den som bjuder ut en produkt till försäljning gör det för att med pengarna kunna efterfråga och köpa någonting annat. Resurser, produktion, distribution och konsumtion är delar i ekonomiska kretslopp.

Storhet	År	Kvartal	Månad
Lön (W)	0,800	0,200	0,067
Sysselsättning (N)	5 000	5 000	5 000
Avkastning (R)	0,100	0,025	0,008
Realkapital (K)	10 000	10 000	10 000
BNI = W · N + R · K	5 000	1 250	417
Prisnivå (P)	1,250	1,250	1,250
Produktion (Q)	4 000	1 000	333
BNP (Y) = P · Q	5 000	1 250	417
Penningmängd (PU)	400	400	400
Omloppshastighet (V)	12,50	3,125	1,042
BNU = PU · V	5 000	1 250	417

BNI = W · N + R · K. BNP = P · Q. Bruttonationalutgift (BNU) = PU · V. Omloppshastighet (V) = hur många gånger per år omsätts samhällets penningutbud (PU).

$$BNP = P \cdot Q = W \cdot N + R \cdot K = PU \cdot V = C + I + G + NX$$

Matematisk makroekonomisk teori är beroende av myndigheters statistiska data när samband formuleras utifrån statistiska data. Förenklade antaganden och villkor som förädlingsvärde per sysselsatt (F) = PP · qp ≈ P · q leder till YP = (PP · qp) · NP = F · NP, Y = (P · q) · N = F · N och u = un − (1 − un) · (Y − YP)/YP = un − (1 − un) · (N − NP)/NP.

4:3 Flödesdiagram, algebra och systemteori

Ett ekonomiskt kretslopp är ett cirkulärt flödesdiagram som visar varu-, resurs- och penningflöden, och hur dessa flöden är kopplade till samhällsekonomiska sektorer, aktörer och marknader. Produktion av varor (Q), allmän prisnivå i samhället (P), BNP = P · Q = summa förädlingsvärden per år. Resurser och produktionsfaktorer är real-kapitalstock (KP) och sysselsättning (N). Notera skillnaden mellan realkapitalvärde (K) och realkapitalstock (KP). *Resursflöde → varuflöde → penningflöde → kapitaltill-växt.*

Holistiskt synsätt (helhetssyn) på ekonomi. Varje del finns i helheten och helheten finns i varje del. Mikro finns i makro, och makro finns i mikro. Aggregera, bygga upp från mikro- till makrostorheter. Disaggregera, bryta ner från makro- till mikrostor-heter. Med algebra formuleras samband med anknytning till ekonomiska kretslopp och flödesdiagram. Flera algebraiska samband bildar ett system (systemteori).

Icke linjär produktionsfunktion $Q = A \cdot KP^a \cdot N^{(1-a)}$. A = total faktorproduktivitet, om A och sysselsättningens produktivitetsfaktor (AN) är givna, är realkapitalstockens pro-duktivitetsfaktor (AK) = $[A/AN^{\wedge}(1-1a)]^{\wedge}(1/a)$. Identiskt matematiskt samband $Q = A \cdot KP^a \cdot N^{(1-a)} = (AK \cdot KP)^a \cdot (AN \cdot N)^{(1-a)}$. Med AI, robot teknik och teknologi förväntas AK öka, om A är given så minskar AN. Om AK > AN, hur påverkar det nyinvestering och nyanställning?

Med derivering och logaritmer kan icke-linjära funktioner linjäriseras. Marginalpro-dukt sysselsättning (MN) = $(1 - a) \cdot Q/N$. Medelproduktion sysselsättning (qN) = Q/N. Marginalprodukt realkapitalstock (MK) = $a \cdot Q/KP$. Medelproduktion realkapitalstock (qK) = Q/KP. $Q = MN \cdot N + MK \cdot KP$, linjär produktionsfunktion. Värdet av MN = P · MN = lön (W). Värdet av MK = P · MK = R.

- Produktion = Q(N) + Q(KP) = MN · N + MK · KP

- W = P · MN och R = P · MK

- Prisnivå = P(N) + P(KP) = W/qN + R/qK

- Avkastning i relation till realkapitalstock (R) = PP · (d + gp + rp − r)

- Avkastning i relation till realkapitalvärde = d + gp + rp - r

- Avkastning i relation till sysselsättning = W

- Löneandel = (1 − a) = (W · N)/BNP

- Kapitalandel = a = (R · KP)/BNP

Om Q = 4 000, N = 5 000, K = 10 000, P = 1,25, KP = K/PP = 8 000 och a = 0,20. MN = (1 − a) · Q/N = 0,64, MK = a · Q/KP = 0,10, W = P · MN = 0,80, R = P · MK = 0,125, qN = Q/N = 0,80, qK = Q/KP = 0,50, P = W/qN + R/qK = 0,80/0,80 + 0,125/0,50 = 1,25. Y = P · Q = 5 000. BNI = W · N + R · KP = 0,80 · 5 000 + 0,125 · 8 000 = 5 000. BNP = BNI och bruttonationalefterfrågan (BNE = AE) = bruttonationalutgift (BNU). BNP = BNI = BNE = BNU. BNU = PU · V och BNP = P · Q = 5 000, om penningmängdens omlopps-hastighet per år (V) = 12,50 är penningutbud (PU) = BNP/V = 400. Upprepad återan-vändning av given penningmängd per år = V.

Om samhällets bank- och penningsystem har bankreservkvot (r) = 0,10, bankernas bankreservpengar är disponibla hos riksbankens RIX-system, för varje nyinsatt krona i systemet kan 0,90 utlånas och 0,10 hålls som reserv. Kreditmultiplikator (k) = (1 + s)/(r + s). Sedlar och mynt (S), sedelkvot (s = S/B), bankmedel och bankkreditpengar (B), reserv (R), reservkvot (r = R/B). Om S = 40 är B = (1 − r)/r · S = 0,90/0,10 · 40 = 360, R = r/r · S = 40, sedelkvot (s) = S/B = 40/360 = 1/9, reservkvot (r) = R/B = 40/360 = 1/9 och k = (1 + s)/(r + s) = (1 + 1/9)/(1/9 + 1/9) = 5. Monetär bas (MB) = S + R = 80, PU = S + B = 400, k = PU/MB = 400/80 = 5.

Reglerat bank reservsystem. Bankverksamhet med fraktionerad reserv kan skapa bankkreditpengar utan nyinsatta centralbankspengar, då måste matematiska beräk-ningar justeras. Av PU = 400, i reglerat bank reservsystem, är centralbankspengar (S)

= 40 och bankkreditpengar (B) = 360. (S + B) · V = P · Q. AE = (C + G) + (I + NX) = (C + G) + S. C + G = (h − r) · H + b · DI + G0, DI = Y − T + offentlig ränta (OR). Finansiellt kapitaluttag för konsumtion (h), räntenivå (r), finansiellt kapital (H). T = t · Y. Offentlig ränta (OR) = statslåneränta (rs) · offentlig skuld (OS). Om t = 0,266, rs = 2,00 %, r = 3,00 %, h = 0,0656, b = 0,56, G0 = 1 300, BNP = 5 000, OS = 1 500, H = 5 000, så blir OR = rs · OS = 30, T = t · Y = 1 330, DI = Y − T + OR = 3 700, C = (h − r) · H + b · DI = 2 250, C + G = 3 550, (C + G)/Y = 0,71 och S/Y = 1 - 0,71 = 0,29. OFS = T − G − OR = 1 330 − 1 300 − 30 = 0. Privat sparande (S) = I + PFS = I + NX − OFS. I = (d + rp) · K + a · Y − r · K. S = DI − C = (r − h) · H + (1 − b) · DI.

Om deprecieringstakt (d) = 0,07, jämviktsränta (rp) = 0,03, räntenivå (r) = 0,03, K = 10 000, investeringsbenägenhet (a) = 0,11, Y = 5 000, investering = (d + rp) · K + a · Y − r · K = 1 250. S = (r − h) · H + (1 − b) · DI = (0,03 − 0,0656) · 5 000 + (1 − 0,56) · 3 700 = 1 450 och S = I + (NX − OFS), OFS = 0, NX = S − I = 200 = PFS. H ökar från 5 000 till 5 200 efter periodens slut. PFS = S − I = (r − h) · H + (1 − b) · DI − [(d + rp) · K + a · Y − r · K] = kapital- och inkomstrelaterat finansiellt sparande = r · (H + K) − h · H + [(1 − b) · DI − (d + rp) · K − a · Y] = 122 + 78.

Kapitalrelaterat finansiellt sparande = 122 och inkomstrelaterat finansiellt sparande = 78. När alla systemdelar är identifierade och definierade, så kan ett helhetssystem konstrueras, ett statistiskt national- och finansräkenskapssystem (gäller internationellt). Beräkna storheters ideala värden är ofta lättare än att beräkna storheters aktuella värden. Potentiell BNP med full sysselsättning är ett önskat idealt målvärde. När sysselsättning i samhället är lika stor som full sysselsättning så råder definitionsmässigt samhällsekonomisk jämvikt.

Ett nationellt och internationellt statistiskt bokförings- och räkenskapssystem är ett logiskt matematiskt uppbyggt konstruerat system, här kommer matematik före statistik. Systemet uppdateras statistiskt och bokföringsmässigt med statistiska data löpande per år, nu kommer statistik före matematik, då en matematisk efterhandskonstruerad modell är beroende av statistiska bokföringsdata från SCB och statistiska skattade referensdata från KI.

Tre storheters ideala (potentiella) värden:

- Aggregerad efterfrågan (AE) = A − B · rp = mp · (A0 − (H + K) · rp)
- Bruttonationalinkomst (BNI) = W · NP + R · KP
- Potentiell BNP (YP) = PP · QP = PP · (qp · NP)

AE = efterfrågestorhet (A) − kapitalstorhet (B) · jämviktsränta (rp) = 5 375 − 12 500 · 3,00 % = 5 000. BNI = W · NP + R · KP = 0,80 · 5 000 + 0,125 · 8 000 = 5 000. R = PP · (d + gp + rp − r) = 1,25 · (0,07 + 0,03 + 0,03 − 0,03) = 0,125. Arbetsinkomstens BNI-andel = (W · NP)/BNI = (0,80 · 5 000)/5 000 = 0,80 är sysselsättningens produktions-andel. Kapitalinkomstens BNI-andel = (R · K)/BNI = (0,10 · 10 000)/5 000 = 0,20 är realkapitalstockens produktionsandel. YP = PP · QP = 1,25 · 4 000 = 5 000. QP = MN · NP + MK · KP = 0,64 · 5 000 + 0,10 · (10 000/1,25) = 4 000. MN = sysselsättningens produktionsandel 0,80 gånger produktion (Q) dividerat med sysselsättning (N), MN = 0,80 · Q/N = 0,80 · 4 000/5 000 = 0,64. MK = 0,20 · Q/KP = 0,20 · 4 000/(10 000/1,25) = 0,10. Sysselsättningens genomsnittliga produktion (qN) = Q/N = 4 000/5 000 = 0,80. Realkapitalstockens genomsnittliga produktion (qK) = Q/KP = 4 000/(10 000/1,25) = 0,50. PP = W/qN + R/qK = 0,80/0,80 + 0,125/0,50 = 1,25.

Matematiken inom makroekonomi är enkel men omfattande då den hanterar om-fattande statistiska myndighetsdata. Viktigt att skilja på realkapitalvärde (K) och re-alkapitalstock (KP). K är avkastnings- och räntefaktor, KP är produktionsfaktor. BNP per år = prisnivå (P) · kvantitetsnivå (Q). BNP per år är summan av fyra BNP per kvar-tal, BNP = P1 · Q1 + P2 · Q2 + P3 · Q3 + P4 · Q4. Föregående års sista kvartals prisnivå (P0) och kvantitetsnivå (Q0), villkor P4/P0 = 1 + riksbankens inflationsmål (pm) på 2 %, Q4/Q0 = (1 + g)/(1 + pm) = 1,03/1,02. Medel av P1-P4 = 1,25 och summan av Q1 + Q2 + Q3 + Q4 = 4 000, BNP = P · Q = 1,25 · 4 000 = 5 000.

Kvartal	P	Q	BNP
1	1,2407	996	1 236
2	1,2496	999	1 245
3	1,2531	1 001	1 255
4	1,2593	1 004	1 264
Summa/medel	1,2500	4 000	5 000

Årsinflation = 2 %, kvartalsinflation = $1,02^{0,25} - 1 = 0,496$ %. Real årstillväxt $1,03/1,02 - 1 = 0,980$ %, real kvartaltillväxt = $1,0098^{0,25} - 1 = 0,244$ %. $Q1 = Q0 \cdot 1,00244$, $Q2 = Q0 \cdot 1,00244^2$, $Q3 = Q0 \cdot 1,00244^3$, $Q4 = Q0 \cdot 1,00244^4$ och beräkning av $Q0 = 4\ 000 / [(1 + 0,00244)^4 - 1] \cdot (1 + 0,00244)/0,00244 = 994$. $P1 = P0 \cdot 1,00496$, $P2 = P0 \cdot 1,00496^2$, $P3 = P0 \cdot 1,00496^3$, $P4 = P0 \cdot 1,00496^4$, $P0 = BNP/[1,00496 \cdot Q1 + 1,00496^2 \cdot Q2 + 1,00496^3 \cdot Q3 + 1,00496^4 \cdot Q4] = 1,2346$. $P4/P0 = 1,00496^4 = 1,02$. $Q4/Q0 = 1,00244^4 = 1,0098 = 1,03/1,02$, BNP-tillväxt per år (g) = (1 + pm) $\cdot$ (1 + realtillväxt) - 1 = 1,02 $\cdot$ 1,0098 - 1 = 3 %. BNP per år är summan av tolv BNP per månad, BNP = $P1 \cdot Q1 + P2 \cdot Q2 + \ldots + P12 \cdot Q12$. BNP per år är summan av 52 BNP per vecka, BNP = $P1 \cdot Q1 + P2 \cdot Q2 + \ldots + P52 \cdot Q52$.

Med datorstöd går beräkningar blixtsnabbt att utföra. Upprepade iterativa beräkningar med villkor, som viss BNP-tillväxt, inflation och real tillväxt, kan användas för prognos och budget. Budget sker ex ante, bokföring sker ex post. Repetitiva iterativa beräkningar = rekursiva beräkningar = autoregressiv beräkning, beräkningar är beroende av sina egna tidigare beräknade värden. Differens- eller differentialberäkningar, beräknar direkt aktuellt värde utan beroende av tidigare värden.

Löpande resultat = inkomst – utgift. Periodiserat resultat = periodiserad inkomst (intäkt) – periodiserad utgift (kostnad). Löpande kassaflöde = inbetalning – utbetalning. NFS = OFS + PFS = (T – G) + (S – I) = NX. Likviditetsbehov i privat och offentlig sektor, (T – G) + (S – I – NX) = 0. Om T > G är S < I + NX, negativt privat kassaflöde och privat lånebehov. Om T < G är S > I + NX, negativt offentligt kassaflöde och offentligt lånebehov.

Algebraisk sammanfattning och manipulation. En utgift, sammanlagda utgifter, finansiellt sparande och kassaflöde. Konsumtion (C) är en utgift och efterfrågestorhet. Sammanlagda utgifter och efterfrågestorheter (C + I + G + X). Utbud Y + M = C + I + G + X. Skatt (T), Y – T – C = sparande (S), S + T = I + G + NX, privat finansiellt sparande (PFS) = (S – I), offentligt finansiellt sparande (OFS) = (T – G), nationellt finansiellt sparande (NFS) = PFS + OFS = NX. Privat kassaflöde (PKF) = PFS – NX, offentligt kassaflöde (OKF) = OFS. PKF och OKF regleras och utjämnas i banksektor. Systemvillkor: Summa injektioner (G + I + X) = summa läckage (T + S + M).

5 BERÄKNA JÄMVIKTSINKOMST UTAN RÄNTA

Jämvikt definieras och bestäms i nationalekonomisk makroteori i en skärnings- och jämviktspunkt mellan aggregerad efterfrågan (AE) och BNP (Y), i endast denna punkt är Y = AE. I ett matematiskt ekvationssystem beräknas jämviktsinkomst. Följande symboler, storheter, samband och villkor gäller:

- Konsumtion (C) = C0 + b · (1 – t) · Y = 50 + 0,80 · (1 – 0,25) · Y
- Skatt (T) = skattenivå (t) · BNP (Y) = 0,25 · Y
- Investering (I) = I0 = 100, offentlig utgift (G) = G0 = 200
- Nettoexport (NX) = Export (X) – import (M) = X0 – M0 – m · Y = 100 – 10 - 0,10 · Y. Marginell importbenägenhet (m). *Y, M, C beräknas, G, I, X är givna.*

- Autonom efterfråga (A0) = C0 + I0 + G0 + X0 – M0 = 440
- Marginell utgiftsbenägenhet (g) = b · (1 – t) – m = 0,50
- Multiplikator (mp) = 1/(1 – g) = 1/(1 – 0,50) = 2,00
- BNP = mp · A0 = 880, C = 578, T = 220, S = 82, M = 98
- OFS = T - G = 20 och PFS - NX = sparande (S) – I - NX = - 20.

Nationens finansiella sparande (NFS) = PFS + OFS = NX, PFS = S – I = -18, OFS = T – G = 20, X – M = 2, NFS = -18 + 20 = 2, nationens finansiella förmögenhet och fordran på omvärlden ökar med 2. S finansierar I, T finansierar G, X finansierar M, därför är summan (S – I) + (T – G) - (X – M) = 0 och PFS + OFS – NFS = 0. Nästa sida, grafisk beskrivning av algebraisk räkning, Keynes jämviktsdiagram.

Sambanden på denna sida är elementära men grundläggande, sambanden bildar och utgör en grundstomme för mera utvecklade och realistiska modeller.

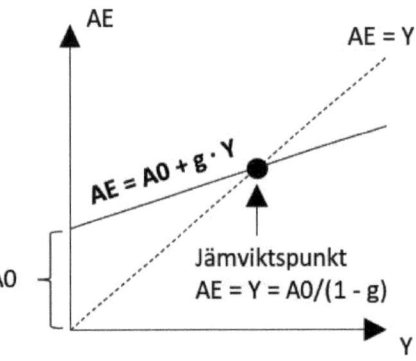

AO = 440, g = 0,50, AE = Y = AO/(1 − 0,50) = 880. De två linjerna i diagrammet består av oändligt många punkter där AE och Y är inte i jämvikt, endast i skärnings-/jämviktspunkten är AE och Y i jämvikt. Sannolikheten att nå jämvikt i verkligheten är mycket liten.

En person tappar sina nycklar i ett mörkt område på natten, men letar i ett ljust område. Förbigående person: - Letar Ni efter något? Personen: - Ja! Förbigående: - Har Ni tappat det här? Personen: - Nej där borta i mörkret, men det är lättare att söka här i ljuset. Keynes jämviktsteori är upplyst med strålkastarljus, men upplyser inte om alternativa teorier.

5:1 Resonera, räkna och reflektera

Resonemang för att bestämma vilka storheter och samband som antas gäller, *räkna* för att kontrollera resonemang siffermässigt, *reflektera* för att analysera resultat, behöver förbättringar utföras, vad kan läras av resonemang och räkning. Ökning av finansiell fordran är uppskjuten likviditet, ökning av inkomstrelaterat sparande är uppskjuten konsumtion. Privat kassaflödesanalys = BNI − T − C − I − ökad privat finansiell fordran (NX) = S − I - NX = - 20, privat likviditetsunderskott på − 20. Offentlig kassaflödesanalys = T − G = + 20. Likvidutjämning via banksektor, offentlig sektor till bank + 20, från bank till privat sektor + 20, offentlig finansiell fordran ökar med 20 och privat finansiell skuld ökar med 20. Utförda prestationer skapar inkomst, finansiell ökning av fordringar är tidsfördröjd inbetalning. Utnyttjade resurser skapar utgift, finansiell ökning av skuld är tidsfördröjd utbetalning.

Om X > M ökar finansiell fordran, men ökar inte likviditet, då finansiell fordran är uppskjuten inbetalning (uppskjuten likviditet) och på kort sikt måste likvidunderskott eventuellt täckas med kortsiktiga lån eller från tidigare sparat finansiellt kapital. Om X < M ökar omvärldens finansiella fordran, privat kassaflöde gynnas på kort sikt när utbetalningar senareläggs. En liten del av nationens penningmängd är fysiska centralbankspengar (monetär mängd och likviditet) det mesta är elektroniska digitala bankkreditpengar (transaktions- och sparkonton med mera).

Beräkningssteg i logisk följd (algoritm):

1) Beräkna BNP = C + I + G + X − M
2) Beräkna nationens finansiella sparande (NFS) = PFS + OFS = NX, finansiellt sparande påverkar finansiella fordringar och skulder i privat och offentlig sektor.
3) Beräkna kassaflöde och likviditet, vilken sektor har likviditetsöverskott respektive likviditetsunderskott, banksektorn är intermediär (förmedlande part) mellan privat och offentlig sektor.

5:2 Impuls- och spridningsmodell

AE = [C(Y) − M(Y)] + (G0 + I0 + X0), C och M är beroende av Y skrivs C(Y) och M(Y). Y antas vara i jämvikt med AE. Givna statistiska storheter är G, I och X skrivs (G0 + I0 + X0). AE, C(Y) och M(Y) beräknas matematiskt. För samhällsekonomisk jämvikt gäller villkor AE = YP. Med slumpmässiga chocker och impulser, uppstår obalanser i ekonomin, AE och sysselsättning avviker från YP och full sysselsättning.

Keynes idé, när privat efterfrågan minskar måste offentlig efterfrågan öka för att få balans på nationell makronivå mellan aggregerad privat och offentlig efterfrågan, och potentiell BNP. När offentlig efterfrågan (G0) ökar skapas förstärkande spridningsmekanismer i samhället som genom kumulativ multiplikatoreffekt ökar AE mer än offentliga efterfrågeökningen, $\Delta AE > \Delta G0$.

Följande orsakssekvens i tidsföljd visar hur politiken stabiliserar konjunktur mot jämviktstrend och full sysselsättning: Störning → stabiliseringspolitik → spridningsmekanism (multiplikator) → konjunkturcykel varierar kring potentiell BNP-trend → konjunkturell BNP = potentiell BNP, och sysselsättning = full sysselsättning. BNP = autonom efterfrågestorhet (A0) · multiplikator (mp). Om A0 = 4 000, mp = 1,25, Y = 5 000 och ΔG = 20 så ΔY = mp · ΔG = 25. Om A0 = 3 125, mp = 1,60, Y = 5 000 och ΔG = 20 så ΔY = 32. Stor multiplikator, ger stor multiplikatoreffekt, om A0 = 5 000, mp = 1,00, Y = 5 000, ger ingen multiplikatoreffekt.

Multiplikator-, förstärknings- och hävstångseffekt, en första insats i systemet, påverkar systemets övriga storheter, förändringar uppdateras och multipliceras flera gånger till ett slutligt värde. Statiska modeller är *intratemporala*, beräkningar sker inom en period. Förändring av BNP (ΔY) = förändring av offentlig konsumtion (ΔG) · mp, beräkning sker inom en period, kallas för komparativ (jämförande) beräkning. T.ex. Y = 4 975, YP = 5 000, BNP-gap = Y − YP = - 25, om mp = 1,25 och ΔG = 20 blir ΔY = mp · ΔG = 25 och BNP efter förändring = Y + ΔY = 4 975 + 25 = 5 000 = YP, samhällsekonomisk jämvikt har uppnåtts, allt annat lika.

Dynamiska modeller är *intertemporala*, beräkningar sker inom och mellan perioder. En konjunkturmodell är en dynamisk modell. Utjämning mellan Y och YP sker med återkopplingsregler mellan perioder, automatiska stabilisatorer, multiplikatoreffekt verkar inom och mellan perioder växelvist. Acceleratoreffekt kan kopplas till BNP-gap per period, BNP-gap i föregående period påverkar ränte-, skatte- och bidragsnivån i aktuell period. Acceleratoreffekt förekommer i dynamiska modeller men inte i statiska modeller. Notera skillnaden mellan orden statistiska och statiska, lätt att förväxla dem. Systemanalys, allmänt med relativa tal, och specifikt med absoluta tal.

SCB försörjningsbalans: Utbudssidan Y + M = Efterfrågesidan C + G + I + X. 1 + 0,44 = 0,46 + 0,26 + 0,24 + beräknad X (0,48) = 1,44. Fördelning från efterfråga till utbud:

Efterfrågestorheter	BNP (Y)	Import (M)
C	Anges 0,75	0,25
G	Anges 0,95	0,05
I	Anges 0,70	0,30
X	Beräknas 0,50	0,50

X:s BNP bidragsandel = $(1 - 0,75 \cdot 0,46 - 0,95 \cdot 0,26 - 0,70 \cdot 0,24)/0,48 = 0,50$. Ökar G med 100 ökar Y med 95 och M = 5, utan multiplikatoreffekt. Referens är Y = 100 %. Genom att låta förändring av G (ΔG) påverka inhemsk privat efterfrågan (C + I), så skapas multiplikatoreffekt i systemet. $\Delta C = b \cdot (1 - t) \cdot \Delta G$, $\Delta I = (1 - b) \cdot (1 - t) \cdot \Delta G$, $\Delta Y = 0,95 \cdot \Delta G + 0,75 \cdot \Delta C + 0,70 \cdot \Delta I$, $\Delta T = t \cdot \Delta Y$, OFS minskar då ΔT < ΔG, samtidigt ökar PFS då $\Delta S = \Delta Y - \Delta T - \Delta C$ och ΔS > ΔI. ΔG ger multiplikatoreffekt på Y med 1,49 och import (M) 0,25. Exportförändring (ΔX) ger multiplikatoreffekt på Y med 1,04 och M 0,70. Förändring av G och X (ΔG och ΔX) ger multiplikatoreffekt på Y med 1,27 och M 0,47.

Med införandet av gemensam lika stor multiplikator för systemets exogena stor-heter, så förenklas beräkningar av systemets endogena storheter. I grundmodeller anges G, I, X och Y, M, C beräknas. $Y = (C0 + G0 + I0 + X0 - M0)/[1 + m - b \cdot (1 - t)]$, beräkningen visar inte hur efterfrågestorheter (C + G + I + X) påverkar utbudsstor-heter (Y och M). Y + M(Y) = C(Y) + G + I + X, M och C är funktion av Y, M = M(Y) och C = C(Y). Med ökad efterfrågan så ökar sysselsättning, inhemsk produktion (Y) ökar och utländsk importerad produktion (M) ökar.

Nationer i Nordamerika, Västeuropa och Norden, med politiskt myndighetsstyrda samhällen och reglerade marknader, har efterfrågestyrt makroekonomiskt system, där AE styr Y, men AE styr inte YP, utan YP kan indirekt styra AE, då exogena efter-frågestorheter kan ha YP som referens. Exogena efterfrågestorheter och YP anges ex ante, AE och Y beräknas ex post. Förändring en krona per efterfrågestorhet påverkar utbudsstorheter BNP och import. Därefter påverkar Y och M i nästa period efterfrå-gestorheter:

	ΔY	ΔM
ΔG = 1	0,95	0,05
ΔX = 1	0,50	0,50
ΔI = 1	0,70	0,30
ΔC = 1	0,75	0,25

ΔY = 1 fördelas 0,10 (ΔG) + 0,10 (ΔX) + 0,20 (ΔI) + 0,60 (ΔC). ΔM = 1 fördelas 0,10 (ΔG) + 0,30 (ΔX) + 0,10 (ΔI) + 0,50 (ΔC).

Självförstärkande effekt, först påverkar efterfrågestorheter utbud, därefter påverkar utbudstorheter efterfråga i nästa steg, och så upprepas processen. Växelverkan mel-lan utbud och efterfrågan kan bara ske i dynamiska modeller och inte i statiska mo-deller. Statiska aggregerade modeller för ett år avbildar statistiska data från SCB, AE = C + G + I + NX och BNP = AE. Efterfrågestorheter C, G, I, NX påverkar aggregerad efterfrågan (AE) men påverkar inte aggregerat utbud (BNP), utan BNP antas teore-tiskt anpassas till AE omedelbart.

6 BERÄKNA JÄMVIKTSINKOMST MED RÄNTA

Investering (I) = depreciering (D) + nettoinvestering (NI). D är ersättning för realka-pitalförslitning, D = deprecieringstakt (d) $\cdot$ realkapital (K). NI är funktion av investe-ringsbenägenhet (a), BNP och räntekänslighet uttryckt som räntedifferens mellan jämviktsränta (rp) och penningränta (r) multiplicerat med K. I = D + a $\cdot$ Y + (rp − r) $\cdot$ K.

Matematik i nationalekonomi använder statistiska myndighetsdata för att formulera algebraiska samband som bildar ett matematiskt ekvationssystem, som är en teore-tisk avbildning av nationens ekonomi som den beskrivs i statistiska myndighetsdata. Myndigheters data är statistisk primär avbildning av nationens ekonomi, matematik är teoretisk sekundär avbildning av statistisk avbildning av nationens ekonomi. Sta-tistikens kvalitet beträffande beskrivning av nationens ekonomi avgör matematikens möjligheter att förklara nationens ekonomi i teoretiska termer.

Y mäts och skattas av statistiska centralbyrån. YP med full sysselsättning och fullt samhällsekonomiskt resursutnyttjande mäts och skattas av Konjunkturinstitutet. Re-geringens finansdepartement använder statistiska data från SCB och KI för att bud-getera offentliga inkomster och utgifter. Regeringens vårproposition är ändringsbud-get för innevarande aktuella år. Regeringens höstproposition är budget för nästa år. Riksbanken via banksektor bestämmer nivå på genomsnittlig ränta = r0.

I kapitel 5 beräknades BNP utan ränta och I = I0 = 100, i detta kapitel används inve-steringsfunktion I = D + a $\cdot$ Y + (rp − r0) $\cdot$ K = 56 + 0,05 $\cdot$ Y + (0,03 − r0) $\cdot$ 1 400. I kapitel 5 var A0 = 440, mp = 2,00 och Y = mp $\cdot$ A0 = 880. Med investeringsfunktion där r0 = rp, blir A0 = C0 + D + (rp − r0) $\cdot$ K + G0 + X0 − M0 = 396, g = a + b $\cdot$ (1 − t) − m = 0,55, mp = 1/(1 − g) = 2,222 och Y = mp $\cdot$ A0 = 880. Given investering I = I0 och investe-ringsfunktion I = D + a $\cdot$ Y + (rp − r0) $\cdot$ K, påverkar inte beräknad BNP-nivå, då investe-ringsfunktionens bestämningsfaktorer är manipulerade till att det blir så. Nu kan ma-tematiska ekvationssystemet manipuleras ytterligare genom att ändra värden på myndighetsstyrda räntenivån (r0) som styrs av riksbanken via myndighetsreglerad banksektor. Ränteförändringar (Δr0) sker med räntepunkter, en räntepunkt är en ti-otusendel = 1/10 000 = 0,0001 vilket är en hundradels procentenhet.

Om r0 sänks 25 räntepunkter från r0 = 3,00 % till r0 = 2,75 % så ökar A0 från 396 till 399,50 och Y ökar från 880 till 888 en procentuell BNP ökning med 0,88 %.

Om r0 höjs 25 räntepunkter, r0 = 3,25 %, A0 minskar till 392,50 och Y minskar till 872 en minskning med – 0,88 %. Förändringar av räntenivån styrs av myndigheter och banksektorn, vilket påverkar BNP-nivån, privat och offentligt finansiellt sparande. När räntenivån minskar så ökar investering (realt sparande), samtidigt minskar privat finansiellt sparande (PFS), räntenivåminskning ökar BNP och skatt, vilket ökar offentligt finansiellt sparande (OFS). När räntenivån ökar så minskar investering, BNP minskar, PFS ökar, OFS minskar. Skattenivån påverkar offentlig ekonomi. Räntenivån påverkar nationens ekonomi. PFS och OFS fungerar som två kommunicerande kärl, ökar OFS så minskar PFS, minskar OFS så ökar PFS.

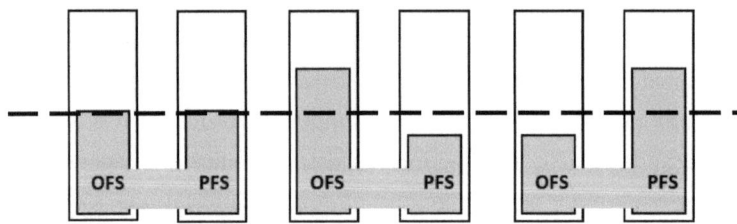

Streckad linje i figuren ovan, visar jämvikt mellan OFS och PFS, OFS = PFS.

6:1 Penningdifferens och penningränta

Från myndighetsbestämd penningränta (r = r0), till marknads- och myndighetsberoende penningräntefunktion. Pris på pengar är penningränta. Med ökad penningdifferens (PD) mellan penningefterfrågan (PE) och penningutbud (PU), så ökar samhällets penningränta, PD = PE − PU = r · K. Procentuell ränta (r) = ränta i kronor i relation till kapital i kronor. Ränta i kronor (r · K) är pris på pengar = PD, r = PD i relation till räntebärande kapital (K), r = PD/K.

Investeringsfunktion, I = D + a · Y + (rp − r) · K. K finansieras med bank- och eget kapital. Bank- och ägarkapital (E) är räntekrävande kapital, realkapital är ränteskapande kapital. Anta K = E, r = PD/K = PD/E. PE är proportionell mot AE, PE(AE) = efterfrågekoefficient (ke) · AE, ökar AE så ökar PE, minskar AE så minskar PE. PU är myndighetsstyrd. Inom keynesianism är målet full sysselsättning, fullt resursutnyttjande och samhällsekonomisk jämvikt: Y = YP. PU skattas i relation till målvariabeln YP, PU är proportionell mot YP, PU = utbudskoefficient (ku) · YP. Ränta (r) = (ke · AE − ku · YP)/K. Räntan blir funktion av PD och BNP-differens (produktions- och sysselsättningsdifferens). Räntans samhällsfunktion är att skapa jämvikt mellan Y och YP.

- PD = PE − PU = (ke · AE) − (ku · YP) = r · K
- PE = efterfrågekoefficient (ke) · aggregerad efterfrågan (AE), AE = Y
- PU = utbudskoefficient (ku) · potentiell BNP (YP)
- Investerat realkapital (K) = finansierat med bank-/ ägarkapital (E)
- Penningränta (r) = (ke · AE − ku · YP)/K = (ke · AE − ku · YP)/E

Jämviktsvillkor penningmarknad: Marknads- och ränteberoende penningefterfrågan (PE) = ke · AE − r · K, är lika med myndighetsstyrd ränteoberoende penningutbud (PU) = ku · YP. När PE = PU är penningmarknad i jämvikt.

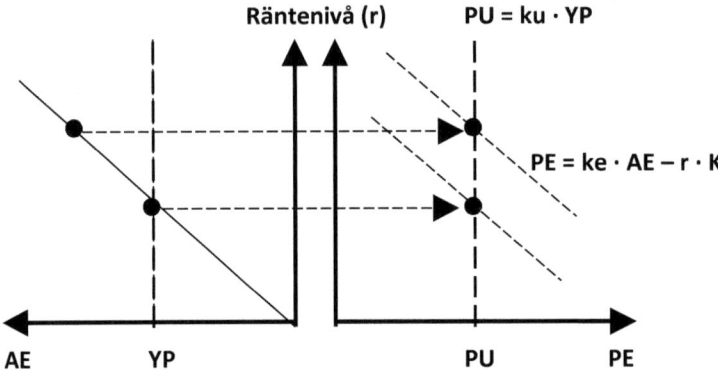

Vänster diagram: Ökar AE ↑ så ökar r ↑. AE varierar, YP med full sysselsättning och fullt kapacitetsutnyttjande varierar inte. Höger diagram: PE ökar med AE och minskar med r. När AE ökar i vänster diagram så skiftar PE-linjen uppåt och utåt i höger diagram, AE är skiftesvariabel i höger diagram. Vänster diagram har AE och YP på horisontell axel och ränta på vertikal axel, $\Delta r = ke/K \cdot \Delta AE$, och $\Delta PE = ke \cdot \Delta AE - \Delta r \cdot K = 0$. Höger diagram har PE och PU på horisontell axel och ränta på vertikal axel, PU = PE och $\Delta PU = \Delta PE = 0$. $PU = PE = ke \cdot AE - r \cdot K$, i höger diagram ovan finns bara två beräkningsbara punkter.

Räntefunktion $r = (ke \cdot AE - PU)/K$, *räntefunktionen är villkorat jämviktsamband och inte fritt variabelt kausalt orsakssamband*. PU = PU0 och G = G0 är myndighetsbestämda, PU och G är givna storheter i matematiska ekvationssystem, som används för att analysera och förklara nationers ekonomiska system. Investeringsfunktion $I = D + a \cdot Y + (rp - r) \cdot K = (D + rp \cdot K) + a \cdot Y - (ke \cdot AE - PU)$, räntefunktionen insätts i investeringsfunktionen. Vid jämvikt är Y = AE, autonom efterfrågan (A0) = C0 + (D + rp \cdot K) + G0 + PU + X0 - M0, marginell utgiftsbenägenhet (g) = a + b \cdot (1 - t) - m - ke, mp = 1/(1 - g) och Y = mp \cdot A0. Ränta = $r \cdot K = PD = ke \cdot AE - PU$. Matematiska ekvationssystem blir mer omfattande när fler samband infogas i systemet, men matematisk svårighetsgrad ökar inte utan är fortfarande relativt enkelt. Systemet är ett utbyggt aritmetiskt system som visar samspelet mellan olika makroekonomiska storheter.

- AE = C + I + G + X – M, vid jämvikt Y = AE (Y anpassas efter AE)
- Konsumtion (C) = C0 + b · (1 – t) · Y
- Investering (I) = (D + rp · K) + a · Y – r · K och jämviktsränta (rp)
- Ränta (r) = (ke · Y – PU)/K och skatt (T) = t · Y
- Export (X) – import (M) = X0 – M0 – m · Y

Räntefunktion brukas anges i implicit form och inte i explicit form. Världens centralbanker (OECD länder) använder en återkopplingsregel, ränta = jämviktsränta + föregående periods [k1 · inflationsgap + k2 · relativt BNP-gap]. Albert Einstein kallade *ränta på ränta-effekten* för världens åttonde underverk och den mäktigaste kraften i universum. Den som förstår den tjänar på den, den som inte förstår den betalar för den lär han ha sagt. Ränta på ränta bygger på tanken av att pengar som sparas och investeras ger avkastning som sedan återinvesteras. På så sätt ökar avkastning då totala summan av sparandet har växt. En annan effekt är *inflation på inflations effekt* som drabbar alla i ett samhälle, spar- och lånekapitalens köpkraft minskar och värdet på pengar minskar, vilket gynnar låntagare med lånekapital och missgynnar sparare med sparkapital.

De klassiska ekonomerna Adam Smith, Karl Marx med flera, även Keynes, beskrev relation mellan kapital och ränta i text som liknar en essä. Ordet essä kommer från det franska ordet essay som betyder att försöka. Det betyder i praktiken att texten ändrar sig allteftersom författarna reflekterar och kommer på nya samband, sammanhang och hittar nya tankespår. De skriver sig fram till ny kunskap och använder skrivandet för att lära sig mer om sitt ämne.

Om räntenivån i samhället är större än statistisk jämviktsränta och Y är mindre än YP med full sysselsättning, så antas att löner och varupriser minskar i samhället (neoklassisk teori), vilket minskar behovet av pengar för transaktioner och minskar utbytesprocessen mellan pengar och varor och tjänster. Efterfrågan på pengar (PE) minskar som blir mindre än tillgången på pengar (PU). Penningöverskottet (PU – PE) antas placeras på obligationsmarknaden, där efterfrågan på obligationer blir större än tillgången på obligationer, medför på sikt att priset på obligationer stiger och räntan på obligationer minskar som påverkar genomsnittliga räntenivån i samhället.

När räntan på obligationer minskar blir det inte lika lönsamt att placera pengar från penning- till obligationsmarknad, priset på obligationer minskar och ränta på obligationer ökar. Den dynamiska anpassningsprocessen mellan penning- och obligationsmarknad gör att räntan stabiliseras mot en neutral jämviktsränta och penningtransaktionsefterfrågan blir lika med penningtransaktionsutbudet.

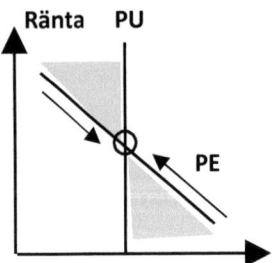

Fasdiagram. Övre område (fas 1) PE < PU, penningöverskott, folk köper obligationer för pengar, pris på obligationer upp och ränta ner på sikt, r går mot jämviktsränta (rp). Nedre område (fas 2) PE > PU, penningunderskott, folk säljer obligationer mot pengar, pris på obligationer ner och ränta upp på sikt, r går mot rp. Fasdiagram visar inte hur det är utan hur det kan bli.

PE påverkas av transaktions-, spekulations- och säkerhetsmotiv vilket är större än PU som påverkas av transaktionsmotiv. PE(AE, r) är marknadsberoende och PU är myndighetsstyrd. Viktad genomsnittlig räntenivå i samhället = viktkoefficient (v) · penningränta (r) på penningmarknad + (1 – v) · obligationsränta (or) på obligationsmarknad. Istället för r = (ke · AE – PU)/K blir genomsnittlig räntenivå på penning- och obligationsmarknad, $r = v \cdot (ke \cdot AE - PU)/K + (1 - v) \cdot or$, på sikt efter dynamiska tidsfördröjda anpassningsprocesser antas att r går mot statistisk jämviktsränta. En sänkning av löne- och prisnivån (W↓ och P↓) vid oförändrat penningutbud (ΔPU = 0) har samma effekt på räntenivån som en ökning av penningutbudet (PU↑) vid oförändrad löne- och prisnivå (ΔW = ΔP = 0).

Sammanhängande textberättelser och resonemang beskrivna med ord är ofta lättare att förstå än komplicerade matematiska härledda algebraiska samband. Resonemang som ersätter matematiska samband, där resonemangen inte kan användas i matematiska beräkningsmodeller, innebär att man inte har åstadkommit något som går att räkna på. Resonemang som är beräkningsbara är matematiskt användbara. Resonemang som inte är beräkningsbara är inte matematiskt användbara och det går inte att räkna på vilka följder och konsekvenser resonemangen får på samhällsekonomin.

6:2 Penning-, BNP- och räntedifferens

$Y = AE$, $PE = ke \cdot AE - r \cdot K$. Penningefterfrågekoefficient (ke) skattas efter hushållssektorns och hushållsägda företagssektorns likviditetspreferenser. Realkapital finansieras med bank- och ägarkapital. $PU = ku \cdot YP$, penningutbudskoefficient (ku) påverkas av hushållssektorn och hushållsägda företagssektorns transaktionsmotiv, medan ke även inkluderar spekulations- och säkerhetsmotiv.

Ränta är pris på pengar och risk. Med en koefficient som motsvarar spekulations- och säkerhetsmotiv (ks), så gäller $ke = ku + ks$, när $Y = YP$ är ränteinkomst = jämviktsränta $\cdot K = rp \cdot E = ks \cdot Y = ks \cdot YP$. PD är funktion av BNP-differens, och BNP-differens är funktion av sysselsättningsdifferens. PD påverkas av inflation, sysselsättningsdifferens påverkas av arbetslöshet. Kapitalproduktionskvot (capital-output ratio) = K/Y. Om K/Y = 2 är $Y = 0,50 \cdot K$. Sysselsättningsproduktionskvot (labor-output ratio) = N/Y.

Om N/Y = 1 är Y = N. Period 1930-1980 produktions- och tillväxtmodeller med begränsningsvillkor, BNP är lika med det minsta av {Y = 0,50 · K och Y = N}, prisförändring (ΔP %) = inflation antas vara noll på kort sikt. Om K = 2 · Y är r = (ke · Y − ku · YP)/2Y, om Y = YP är r = (ke − ku)/2. Y = A − B · r, efterfrågestorhet (A), kapitalstorhet (B), räntenivå (r). YP = A − B · rp. BNP-gap = Y − YP = - B · (r − rp), BNP-gap är funktion av räntedifferens. Om r > rp är Y < YP, om r < rp är Y > YP. Penningdifferens (PD = ke · Y − ku · YP) anges i kronor, räntedifferens (rd = r − rp) anges i procentenheter. BNP-differens = Y − YP.

6:3 Obligation och upplupen ränta

Obligation betyder skyldighet och förpliktelse. Obligationslån skiljer sig ifrån banklån, då en obligations nominella värde (förpliktat kontraktsvärde) består av lånebelopp, som är obligationens pris på försäljnings- och överlåtelsedagen mellan säljare (låntagare) och köpare (långivare), och upplupen ränta för period försäljningsdag till obligationens förfallodag. Nominellt värde (ON) = lån och pris (P) + upplupen ränta (UR), ON = P + UR. Upplupen ränta (UR) = [(1 + r)^t − 1] · pris (P). ON = P + [(1 + r)^t − 1] · P = (1 + r)^t · P och P = ON/(1 + r)^t. Räntan (r) = [1 + (ON − P)/P]^(1/t) − 1 = (ON/P)^(1/t) - 1. Antal dagar från nyemissionsdag till obligationens förfallodag = D, antal dagar från nyemissionsdag till försäljningsdag = d. Räntan [r] är årsränta och ett års antal dagar = a. Kvoten D/a = årsindex, om kvoten är 5 är D = 5 · a = fem år. Om obligationens säljs före förfallodag, är återstående dagar till obligationens slutdatum = D − d. Pris på försäljningsdag = P + upplupen ränta för d antal dagar.

a	a	a	a	a

Om d = 1 · a, så är D − d = 4 · a, obligationens slutdatum, D = 5 · a.
Upplupen ränta (UR) per år (a) = (ON − P)/D. Ett år = a.

Om ON = 1 000, P = 800, D = 5 · a = fem år, UR = ON − P = 200, beräknad årsränta (r) = [1 + (ON − P)/P]^(a/D) − 1 = (ON/P)^(a/D) − 1 = 1,25^(1/5) − 1 = 4,564 %, P = ON/(1 + r)^(D/a) = 1 000/1,04564^5 = 800. Om obligationen säljs efter ett år, d = 1 år, antal dagar från nyemission till försäljning = d, fördelningsräkning fem år ger upplupen ränta 1/5 av 200 = 40, försäljningspris (FP) = 800 + 40 = 840, ny beräknad årsränta (r) = (1 + (ON − FP)/FP)^[a/(D − d)] = 1,1905^(1/4) − 1 = 4,455 %, vilket är en årsränta som ligger under ursprunglig årsränta på 4,564 %.

Prissättning på obligationer är icke linjär funktion, fördelningsräkning är linjär proportionell beräkning. För att få samma årsränta blir priset, P = ON/(1 + 4,564 %)^[(D − d)/a] = 837. Pris på nyemitterad obligation (P) = nominellt kontrakterat belopp (ON)/(1 + r)^t, är ON, r och t givna så är pris (P) givet efter beräkning. När obligationer handlas på andrahandsmarknad så varierar obligationspriser och obligationsräntor. Kontrakterad ränta är upplupen ränta som erhålls vid obligationens förfallodatum. All handel och transaktioner som sker mellan nyemissionsdatum och förfallodatum, kommer att påverka relation pris och upplupen ränta (UR), men inte samband ON = P + UR. Om P ökar så minskar UR, om P minskar så ökar UR.

Exempel ON = 1 000, P = 800, a = 360 dagar, D = 5 · a = 1 800 dagar.

d	D - d	UR	P	(D − d)/a	Ränta
90	1 710	10	810	4,75	4,54 %
180	1 620	20	820	4,50	4,51 %
270	1 530	30	830	4,25	4,48 %
360	1 440	40	840	4,00	4,46 %
720	1 080	80	880	3,00	4,35 %

Anta genomsnittlig årsränta är 5 %, då blir obligationspris (P) = ON/1,05^4 = 823. Med årsränta 4 % blir P = ON/1,04^4 = 855. Hur är interaktionen mellan penning-

och obligationsmarknad? ON = fria pengar (P) + bundna pengar (UR), på nyemiss-
ionsdagen växlas pengar mot värdepapper/skuldebrev. Genom att sälja obligationer
på andrahandsmarknad frigörs bundna pengar i förtid, likviditeten i samhället ökar.
Nyemissionsdag ON = 800 (P) + 200 (UR), 800 är tillgängliga på en gång medan 200
är bundna i fem år, som är obligationens löptid (bindningstid). Om fem årig obligat-
ion säljs på andrahandsmarknad efter ett år till P = 855 då minskar UR från 200 till
145 (minskning på ett år med 55). Upplupen ränta fem år 200, andels- och fördel-
ningsräkning, upplupen ränta per år = 40.

Genom köpa och sälja obligationer på andrahandsmarknad så frigörs bundna pengar
(upplupen ränta), som påverkar samhällets penningmängd och penningutbud (PU).
På aggregerad nivå, sammanräknas alla obligationstransaktioner per år, vilket gör
det svårt att integrera partiella resonemang i matematiskt beräkningsbart helhets-
perspektiv, penningränta = PD/K. Penningöverskott PU > PE innebär enligt penning-
räntesambandet att penningräntan är negativ vilket är ovanligt. 2015 infördes för
första gången negativ reporänta i Sverige. Att PE > PU per år, betyder inte att PE >
PU varje dag per år. Tillfälliga penningöverskott på penningmarknad kan tillfälligt pla-
ceras på obligationsmarknaden. PU på penningmarknad var tidigare myndighets-
styrd utan hänsyn till obligationsmarknad (marknadsberoende). PU med hänsyn till
obligationsmarknad innebär att när bundna pengar blir fria pengar på andrahands-
marknad för obligationer, så varierar PU och är inte längre konstant. Genomsnittlig
räntenivå i samhället = vikt · penningränta + (1 − vikt) · obligationsränta, känns intui-
tivt förnuftsmässigt rätt, men är det rätt matematiskt och ekonomiskt?

Räntan skall reglera samhällsekonomin på nationell nivå så att BNP-gapet mellan Y
och YP minimeras, vilket även minimerar avståndet mellan inflation och önskad in-
flation, samt arbetslöshet och önskad arbetslöshet. Trots att räntan har en så viktig
funktion i samhällsekonomin, så finns det inget bra tillfredsställande räntesamband
på makroekonomisk nivå. Om penningefterfrågekoefficient (ke) skulle minska kraf-
tigt på grund av en pandemi, så att ke < penningutbudskoefficient (ku) då skulle ett
tillfälligt penningöverskott uppstå, som används inte för att köpa varor och tjänster,

utan till att köpa aktier, obligationer och fastigheter (spekulation). Konsumentprisindex (KPI) sjunker och tillgångsprisindex (TPI) stiger.

Alternativt räntesamband, r = vikt · rp + (1 – vikt) · PD/K eller r(t) = vikt · r(t-1) + (1 – vikt) · PD(t)/K(t). Albert Einstein: - *Man ska göra allt så enkelt som möjligt, men inte enklare*. Långivare (LG), låntagare (LT), LT säljer obligation, LG köper obligation (värdebevis, värdepapper, skuldsedel). Nominellt obligationsbelopp (ON) = 1 000, obligationspris (P) = 800, upplupen ränta (UR) fem år = 200, ON = P + UR. Upplupen obligationsränta (or) = (ON/P)^(1/5 år) – 1 = 4,564 %. LG och LT handlar på primärmarknad = förstahandsmarknad. En tredje person (spekulant) erbjuder sig att köpa obligationen av LG för 850 kr (P1) efter ett år på andrahandsmarknad, LG accepterar. LG får årsränta 850/800-1 = 6,25 %.

Spekulantens procentuella upplupna obligationsränta (or) = (ON/P1)^(1/4 år) – 1 = 4,15 %. Om penningränta på penningmarknad är på väg ner (spekulation), riksbanken signalerar kommande räntesänkningar efter massiva påtryckningar från banker, riksdagspartier och media. När r minskar, ökar obligationspriser vilket även innebär lägre procentuell upplupen obligationsränta, räntan på penning- och obligationsmarknad minskar. När räntenivån minskar så ökar investeringsnivån i samhället.

6:4 Förändring av funktionsuttryck förändrar synsätt

AE = C + I + G + NX kan omformuleras till AE som funktion av ränta, AE(r) = A – B · r. Riksbanken via banksystemet påverkar räntenivån i samhället. AE(r = 3 %) = 5 375 – 12 500 · 3 % = 5 000, om AE(r) = YP är N = NP, samhällsekonomin är i jämvikt. Parametern A i funktionsuttrycket inkluderar privat och offentlig konsumtion (C och G). Med två parametrar A1 + A2 = A, kan effekten av förändringar i G beräknas, AE(r) = (A1 + A2) – B · r, istället för G = G0 definieras G = G0 + W · N2 = 20 + 0,80 · 1 600 = 1 300. Parameter A = A0/(1 – g) = 4 300/(1 – 0,20) = 5 375, med två parametrar A1

och A2, blir A1 = (A0 − G)/(1 − g) = 3 750 och A2 = G/(1 − g) = 1 625. Från AE(r) = A −
B · r = 5 375 − 12 500 · r, till AE(r) = (A1 + A2) − B · r = (3 750 + 1 625) − 12 500 · r.
Regering via finansdepartementet styr nivån på G och offentlig sysselsättning (N2),
genom finanspolitik ändras värdet på A2 och genom penningpolitik ändras ränteni-
vån. T = t · AE = t · Y, förutsätter omedelbar produktionsanpassning till aggregerad
efterfrågan i samhället, Y = AE. YP = 5 000.

Scenario 1: N2 = 1 575, r = 3,25 %, AE(r) = (3 750 + 1 600) − 12 500 · 3,25 % = 4 944
(avrundat), T = 0,26 · 4 944 = 1 285, OFS = T − G = 1 285 − 1 280 = 5, u = 8,05 %.

Scenario 2: N2 = 1 625, r = 2,75 %, AE(r) = (3 750 + 1 650) − 12 500 · 2,75 % = 5 056
(avrundat), T = 0,26 · 5 056 = 1 315, OFS = T − G = 1 315 − 1 320 = -5, u = 5,95 %.
Finans- och penningpolitik påverkar AE, OFS, BNP-gap, u och privat marknadsbero-
ende sysselsättning, offentlig sysselsättning är myndighetsstyrd.

r	N2	G	AE	OFS	u
3,00 %	1 600	1 300	5 000	0	7,00 %
3,25 %	1 575	1 280	4 944	5	8,05 %
2,75 %	1 625	1 320	5 056	-5	5,95 %

Arbetslöshet (u) = un − (1 − un) · (AE − YP)/YP och YP = 5 000. När myndigheter re-
glerar räntenivån i samhället och sysselsättningsnivån i offentlig sektor, så påverkas
aggregerad efterfrågan (AE), offentligt finansiellt sparande (OFS) och arbetslöshets-
nivån (u) i samhället. Riksbanken skapar centralbankspengar i samhället och regering
skapar sysselsättning i offentlig sektor, exempel på politisk styrning. En nation med
samhällsekonomisk jämvikt, har inga gap eller differenser, alla gapen är utjämnade:
BNP-gap = inflationsgap = arbetslöshetsgap = räntegap = offentligt budgetgap = pen-
ninggap = 0. Varje gap är avvikelser mellan SCB:s statistiska ÄR-värden och Konjunk-
turinstitutets skattade statistiska referens- och BÖR-värden. SCB och KI är två statliga
myndigheter under regeringens finansdepartement.

6:5 Alternativ ränteberäkning

Keynesiansk modell utan ränta (kapitel 5), vanligt på makroekonomisk grundkurs:

C0	50	b	0,80
I0	100	t	0,25
G0	200	m	0,10
X0	100	g	0,50
M0	-10	**mp**	**2,00**
A0	**= 440**	**Y**	**880**

$Y = A0 \cdot mp = 440 \cdot 2{,}00 = 880$, genom att reglera G0 och t så förändras Y. Multiplikator (mp) = 1/(1 − g) där g = b · (1 − t) − m. Keynesiansk modell är referens modell till övriga modeller. Keynesiansk modell med given ränta (r0), I = D + a · Y + (rp − r0) · K, I0 ersätts av D + (rp − r0) · K:

D	56	r0	0,03
a	0,05	g	0,55
rp	0,03	mp	2,22
K	1 400		
A0	396	Y	880

$Y = A0 \cdot mp = 396 \cdot 2{,}22 = 880$, stor multiplikator ger stor multiplikatoreffekt ΔY = mp · ΔG0 = 2,22 · ΔG0. Given ränta (r0) = jämviktsränta (rp), r0 = rp, betyder att investering påverkas bara av depreciering (D) och investeringsbenägenhet (a) · Y. Öppen IS-LM modell, med räntefunktion r = (ke · Y − PU)/K och investeringsfunktion I = D + a · Y + (rp − r) · K. PU påverkar Y, Y påverkar r, r påverkar I, I påverkar UVK.

ke	0,15	g	0,40
PU	90	mp	1,67
A0	528	Y	880

Y = A0 · mp = 528 · 1,67 = 880, r = (ke · Y − PU)/K = (0,15 · 880 − 90)/1 400 = 3 %. *Modell med ränteregel, förmodligen mest realistisk*, beträffande bestämning av räntenivå i samhället. Data föregående år: YP = 874, Y = 860, p = 1,50 %, r = 4,05 %, vikt (v) = 0,50, pm = 2,00 %.

Dynamisk återkopplande ränteregel ersätter räntefunktion, r(t) = r(t-1) + v · [p(t-1) − pm] + (1 − v) · [Y(t-1) − YP(t-1)]/YP(t-1) = 4,05 % + 0,50 · (1,50 % - 2,00 %) + (1 − 0,50) · (860 − 874)/874 = 3,00 %. Räntenivå oförändrad i relation till tidigare modeller, men med annorlunda räntebestämning. Om YP växer med tre procent, blir YP(t) = YP(t-1) · (1 + 3 %) = 874 · 1,03 = 900 och årets BNP-gap (t) = Y(t) − YP(t) = 880 − 900 = -20, Y ligger 2,22 % lägre än YP, när Y < YP så befinner sig samhällsekonomin i lågkonjunktur.

Ränteregel har bredare acceptans än räntefunktion, då räntefunktionens bestämningsfaktorer är osäkra. För att kunna göra en seriös och ambitiös BNP-skattning behövs minst två år, föregående års data och aktuella årets data. Med stor multiplikator blir en större del av offentlig utgiftsökning självfinansierad. Om mp = 2, t = 0,25, ΔG = 10, ΔY = mp · ΔG = 20, ΔT = t · ΔY = 5, förändring av G (ΔG) är femtio procent skattefinansierad, resterande femtio procent blir lånefinansierad.

6:6 Offentlig undanträngningseffekt

Keynes IS-modell, given ränta (r0), investeringsfunktion I = I0 − r0 · K, utan ränte-funktion. När offentlig utgift förändras (ΔG) så förändras BNP (ΔY), men investering förblir oförändrad, ingen offentlig undanträngningseffekt. Hicks IS-LM modell (ekonomipris 1972) har rörlig ränta som bestäms i räntefunktion, r = (ke · Y − PU)/K och investeringsfunktion I = I0 − r · K = I0 − ke · Y + PU. Penningefterfrågekoefficient (ke), penningutbud (PU), realkapital (K).

Keynes		Hicks	
C0	50	C0	50
I0	142	I0	142
G0	200	G0	200
X0	100	X0	100
M0	-10	M0	-10
r0 · K	-42	PU	90
A0	**440**	**A0**	**572**

Keynes mp = 1/(1 + m − b · (1 − t)) = 2,00. Hicks mp = 1/(1 + m − b · (1 − t) + ke) = 1,54. Keynes: Y = 440 · 2,00 = 880. Hicks: Y = 572 · 1,54 = 880. Parametrar b = 0,80, t = 0,25, m = 0,10, ke = 0,15, K = 1 400. Keynes, r = r0 = 3,00 %. Hicks, r = (ke · Y − PU)/K = (0,15 · 880 − 90)/1 400 = 3,00 %. Om ΔG = 25, Keynes A0 = 465, Y = 930, r = 3,00 % och I = 100. Hicks A0 = 597, Y = 918, r = (0,15 · 918 − 90)/1 400 = 3,41 % och I = 142 − 3,41 % · 1 400 = 94. ΔG↑ → ΔY↑ → Δr↑ → ΔI↓ kallas för **offentlig undanträngningseffekt**, när G ökar så minskar I på grund av ränteökning. Analys Keynes: ΔY = ΔG + ΔC + ΔI - ΔM = 25 + 30 + 0 − 5 = 50. Hicks: ΔY = ΔG + ΔC + ΔI - ΔM = 25 + 22,8 − 6 − 3,8 = 38. Keynes (1883-1946) teori 1936-1946, storhetstid 1936-1976 (fyrtio år), efter 1946 postkeynesiansk tid, många läroböcker publicerades i USA på 1950-talet, översattes senare till svenska. Keynes teori är en grundstomme som utvecklas decennium efter decennium. Keynes postulerar prisstabilitet på kort sikt (inom ett år), inflation (p) = 0, prisnivåförändring (ΔP) = 0. Om p = 0 är nominell ränta (r) = realränta (rr). Hösten 1992 i Sverige övergavs fast växelkurs, Sverige införde rörlig växelkurs, på våren 1993 utredning och översyn av svensk keynesiansk finans- och efterfrågepolitik. Somliga forskare menade att under finanskrisen 2007-2009 kom postkeynesiansk teori till användning igen. Cirka en miljard människor (Nordamerika, Västeuropa, Norden) av åtta miljarder människor, har en nationell ekonomi som präglas av politisk myndig-hets-, media- och social styrning, där offentlig ekonomi påverkar mycket av nation-ens ekonomi och ekonomiska utveckling.

IS-samband och marknadsstyrd lånemedelsteori (Irving Fisher 1867-1947), sparande (S) och investering (I) är beroende av räntenivån, vid jämvikt på kreditmarknad gäller I(r) = S(r), IS-samband. LM-samband, myndighetsstyrt penningutbud (PU = ku · YP), likviditetspreferensteori för hushållssektor och hushållsägd företagssektors penning-behov och penningefterfrågan [PE = ke · AE − r · (H + K)], räntenivån dämpar pen-ningefterfrågan. Likviditetsefterfrågan (L) = PE, monetär mängd (M) = PU. Likviditets-preferensteori (Keynes 1883-1946 och James Tobin 1918-2002, ekonomipris 1981).

Penningdifferens (PD) = ke · AE − ku · YP, ke · AE − r · (H + K) − PU = 0. Om ke = 0,17, AE = 5 000, r = 3 %, H + K = 15 000, PU = 400, 0,17 · 5 000 − 400 = 3 % · 15 000 = 450. Total ränta = 3 % · 15 000 = 450 mdkr = total penningefterfrågan för köp av varor och tjänster 0,17 · 5 000 = 850 mdkr - PU (ku · YP = 0,08 · 5 000) 400 mdkr. I en IS-LM modell gäller samtidig jämvikt på penning- och kreditmarknad, villkor penningmark-nad ke · AE − r · (H + K) = PU, villkor kreditmarknad I(AE, r) = S(AE, r). Tre procent årsränta motsvarar 0,25 % månadsränta, om räntebärande kapital är 15 000 mdkr, är upplupen månadsränta 37,5 mdkr och årsränta 450 mdkr. Om BNP är 5 000 mdkr så motsvarar räntans BNP-andel 9 %. Om PE = 437,5 mdkr per månad och PU = 400 mdkr per månad, så är PD per månad = 37,5 mdkr, som i relation till 15 000 mdkr motsvarar penningränta per månad = 0,25 %. Pengar återanvänds i återkommande omlopp och ränta uppräknas upprepade gånger under ett år.

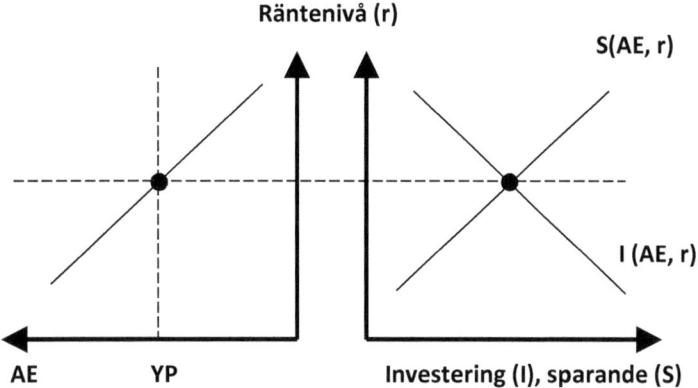

Varje punkt på IS-linjen i vänster diagram är en jämviktspunkt mellan sparande och investering i höger diagram. $S(AE, r) = (r − h) \cdot H + (1 − b) \cdot (1 − t) \cdot AE$. $I(AE, r) = (d + rp − r) \cdot K + a \cdot AE$. IS-samband, $AE(r) = mp \cdot [A0 − r \cdot (H + K)]$. LM-samband, $r(AE) = (k \cdot AE − PU)/(H + K)$. IS-LM-samband, $AE = mp \cdot (A0 − k \cdot AE + PU)$ och $Y = AE$.

Både inflation (p) och arbetslöshet (u) är funktioner av AE och potentiell BNP (YP), där p och u beräknas efter att AE har beräknats, YP är given storhet från Konjunktur-institutet. Mål- och önskat värde på arbetslöshet är jämviktsarbetslöshet. Mål- och önskat värde på inflation är riksbankens inflationsmål.

Alternativ till simuleringar och beräkningar, är seminarier och bedömningar. Diskussioner och meningsutbyten om vilken ef-fekt trög- och snabbrörliga faktorer har på ekonomin på kort och lång sikt, är vanligt förekommande på seminarier. Ibland ersätts räntesamband av ränteresonemang, punktestimat för räntenivån, ersätts av intervallestimat för räntenivån för att på-visa osäkerheten vid bedömning av räntenivån.

7 AGGREGERAD EFTERFRÅGAN (AE), BNI OCH BNP

Aggregerad efterfrågan (AE), bruttonationalinkomst (BNI), bruttonationalprodukt (BNP = Y). I statistiska nationalräkenskapssystem (SCB) och i matematiska teoretiska system skall AE, BNI och BNP ge samma resultat, gäller i sluten ekonomi och approximativt i öppen ekonomi. I matematiska ekvationssystem kan nationers samhällsekonomier simuleras och utvärderas.

1) $AE = A - B \cdot r = mp \cdot (A0 - (H + K) \cdot r)$

2) $BNI = W \cdot N + R \cdot KP$ och $R = PP \cdot (d + gp + rp - r)$

3) $BNP (Y) = P \cdot (MN \cdot N + MK \cdot KP)$

4) $Kvantitet (Q) = MN \cdot N + MK \cdot KP$

5) $Potentiell\ BNP (YP) = PP \cdot (MN \cdot NP + MK \cdot KP)$

6) $Penningränta (r) = (ke \cdot AE - ku \cdot YP)/(H + K)$

7) $Penningutbud (PU) = ku \cdot YP$

8) $Arbetslöshet (u) = 1 - N/AK = un - (1 - un) \cdot (Y - YP)/YP$

9) $Inflation (p) = P/PP \cdot (1 + pm) - 1 = pm + f \cdot (Y - YP)/YP$

AE = efterfrågestorhet (A) - kapitalstorhet (B) · r. Ökar r så minskar AE, minskar r så ökar AE. AE = A − B · r härleds från AE = C + I + G + X − M, det är en omskrivning. BNI = lön per sysselsatt (W) · sysselsättning (N) + kapitalavkastning (R) · realkapitalstock (KP). BNI = bruttoarbetsinkomst (W · N) + bruttokapitalinkomst (R · KP). Sysselsättning (N) = arbetskraft (AK) · [1 − arbetslöshet (u)].

BNP, pris och förädlingsvärde per producerad såld produkt (P), marginalprodukt sysselsättning (MN), sysselsättning (N), marginalprodukt realkapitalstock (MK), realkapitalstock (KP). Produktionsfunktion (Q) = MN · N + MK · KP. Q är funktion av N och KP skrivs Q(N, KP), BNP = P · Q = P · Q(N, KP).

Potentiell BNP, potentiell produktionsfunktion (QP) = MN · NP + MK · KP. Full sysselsättning (NP) = arbetskraft (AK) · [1 − jämviktsarbetslöshet (un)]. BNP-gap = Y − YP, relativt BNP-gap = (Y − YP)/YP. Penningräntesamband, r = (ke · AE − ku · YP)/(H + K). *En kedja är inte starkare än sin svagaste länk*, räntesambandet är osäkert, ett alternativ är att aktuell ränta är funktion av föregående periods ränta, inflationsgap och relativt resursutnyttjandegap i samhället, vilket används av många centralbanker i världen. Inflationsgap = inflation (p) − riksbankens inflationsmål (pm). Relativt resursutnyttjandegap (Q − QP)/QP, produktion (Q), potentiell produktion (QP).

7:1 Integrerad makro- och mikroteori

Genomsnittlig produktion per sysselsatt (qN), genomsnittlig produktion per realkapital (qK). Arbetsinkomst i relation till BNI = (1 − a), kapitalinkomst i relation till BNI = a. BNI = W · N + R · KP, (1 − a) = W · N/BNI och a = R · KP/BNI. Icke linjär produktionsfunktion $Q = A \cdot KP^a \cdot N^{(1-a)}$ omformuleras till linjär produktionsfunktion. Derivatan av Q med avseende på N = dQ/dN = MN = (1 − a) · Q/N, derivatan av Q med avseende på KP = dQ/dKP = MK = a · Q/KP. $Q = A \cdot KP^a \cdot N^{(1-a)}$ = MN · N + MK · KP. Gemensam faktorproduktivitet i icke linjär produktionsfunktion $Q = A \cdot KP^a \cdot N^{(1-a)}$ är storhet A. Priskalkyl P = W/qN + R/qK, MN = (1 − a) · qN och MK = a · qK. Mikroekonomisk teori och praktisk företagsekonomi överlappar varandra i vissa delar, makroekonomisk teori skiljer sig mycket från praktisk företagsekonomi.

- Pris (P) = W/qN + R/qK

- Produktion (Q) = A · KP^a · N$^{(1-a)}$ = MN · N + MK · KP

- BNP (Y) = P · Q = P · (qN · N) och qN = Q/N

- Potentiell BNP (YP) = PP · QP = PP · (qN · NP)

Syntes och sammansmältning av neoklassisk mikroekonomisk produktions- och pris-teori, och ny- och postkeynesiansk makroekonomisk efterfråge- och utgiftsteori. Exponenter a och (1 – a) i icke linjär produktionsfunktion Q = A · KP^a · N$^{(1-a)}$ är produktionsfaktorernas (KP och N) andel av BNI. Jämviktsränta (rp) = (ke – ku) · YP/(H + K).

Ekvationssystem med matrislösning:

1. Y + r · mp · (H + K) = mp · A0
2. k · Y – r · (H + K) = PU
3. W · N – (1 – a) · P · Q = 0
4. Y – W · N = R · KP

Y	r	P	N	Exogena värden	Utdata
1,00	17 735	0,00	0,00	5 521	Y = 5 000
0,17	-15 000	0,00	0,00	400	r = 3,00 %
0,00	0,00	-3 200	0,80	0,00	P = 1,25
1,00	0	0,00	-0,80	1 000	N = 5 000

Matrislösning ger simultan beräkningslösning Y = 5 000, r = 3,00 %, P = 1,25 och N = 5 000. Även inflation och arbetslöshet kan beräknas. Dynamisk räkning: (1) beräkning i flera perioder (ofta uppräkning) alternativt (2) beräkning av flera samband samtidigt i en period. Även kombination beräkning i flera perioder och flera samband samtidigt. Saknas matematisk lösning så måste en datoralgoritm programmeras som genom iterativ numerisk räkning steg för steg räknar fram approximativa svar.

7:2 Sysselsättning, arbetslöshet och konjunktur

Arbetslöshet (u) = jämviktsarbetslöshet (un) ± konjunkturarbetslöshet (uk), u = un ± uk = un ± 3 %. Lågkonjunktur u(LK) = 7 % + 3 % = 10 %. Normal konjunktur u(NK) = 7 % + 0 % = 7 %. Hög konjunktur u(HK) = 7 % - 3 % = 4 %.

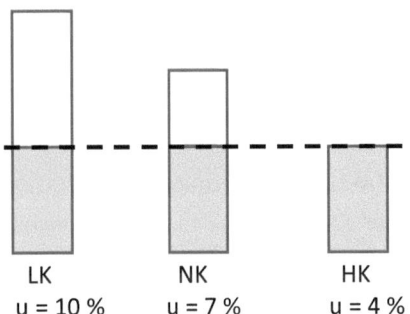

Arbetskraft (AK) = 5 400
Sysselsättning (N) = (1 − u) · AK
N(LK) = 0,90 · 5 400 = 4 860
N(NK) = 0,93 · 5 400 = 5 022
N(HK) = 0,96 · 5 400 = 5 184

LK	NK	HK
u = 10 %	u = 7 %	u = 4 %

Viktigaste och mest betydelsefulla storhet i samhällsekonomi är sysselsättning. Realkapitalstock är befintlig realkapitalstock vid periodens början. Årets investering påverkar nästa års realkapitalstock. Produktion = rörlig produktion (MN · N) + fast produktion (MK · KP). Produktion är beroende av sysselsättning som är beroende av arbetslöshet (u) = Q[N(u)]. Full sysselsättning (NP) = arbetskraft (AK) · [1 - jämviktsarbetslöshet (un)] och un = 1 − NP/AK. NP och un är inget som observeras utan skattas och beräknas av konjunkturinstitutet (KI). En dynamisk matematisk jämviktsmetod kan användas för att skatta un. Hur många arbetslösa (U) <u>får sysselsättning (f)</u> och hur många sysselsatta (N) <u>separeras från sysselsättning (s)</u>. AK = N + U. Vid jämvikts-arbetslöshet (un) gäller s · N = f · U, utflöde (s · N) och inflöde (f · U) på arbetsmark-naden är lika stor när arbetslöshet (u) = un, det råder makroekonomisk (aggregerad) jämvikt på arbetsmarknaden, men inte nödvändigtvis mikroekonomisk jämvikt på arbetsmarknaden som styrs av reallönenivå (W/P), nominell lönenivå (W) på arbets-marknad och prisnivå (P) på varumarknad.

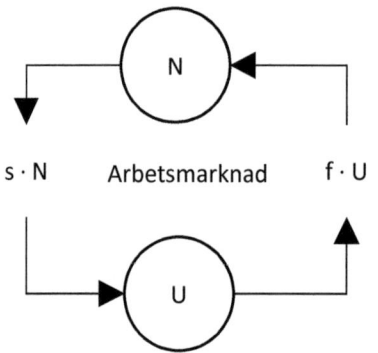

Dynamisk arbetsmarknad, inflöde (f · U), utflöde (s · N) och un = s/(s + f). Sysselsatta (N) och arbetslösa (U). Om s = 0,014 och f = 0,186, blir un = 7 %.

SCB ansvarar för arbetskraftsundersökningar (AKU). Sysselsättning (N), arbetslösa (U), utanför arbetsmarknad men arbetsför ålder 15-74 år (UA). I UA ingår vakanser (V), arbetsför befolkning (AB) i åldersintervall 15-74 år = N + U + UA.

Anta vid start N = 100, U = 10, UA = 10 med V = 0, AB = N + U + UA = 120. Arbetslöshet (u) = U/(N + U) = 10/110 = 9,1 %, arbetskraftsdeltagande = AK/AB = 110/120 = 91,67 %, sysselsättningsgrad = N/AB = 100/120 = 83,33 %, vakanser = 0. 10 sysselsatta väl-jer att studera på heltid, N = 90, U = 10, UA = 20 inklusive antal vakanser (V) = 10. Arbetslöshet = 10/(90 + 10) = 10 %, arbetskraftsdeltagande = 100/120 = 83,33 %, sysselsättningsgrad = 90/120 = 75 %, vakanser = 10. Arbetslöshet (u) uppdateras varje period:

År	AK	N före	Utflöde	Inflöde	N efter	u
t	6 000	5 580	-75	72	5 577	7,05 %
t+1	6 030	5 577	-76	71	5 572	7,59 %
t+2	6 060	5 572	-77	71	5 567	8,13 %
t+3	6 090	5 567	-78	70	5 559	8,72 %

Makroekonomi och demografi (befolkningslära)

Anta följande data för ett fiktivt land, enhet tusental: Befolkning (B) = 10 000, arbetsför befolkning 15-74 år (AB) = 6 900, arbetskraft (AK) = 5 250, sysselsättning (N) = 4 830 och antal arbetslösa (U) = 420. Demografiska samband, AK = N + U = 4 830 + 420 = 5 250, arbetslöshet (u) = U/AK = 420/5 250 = 8,00 %, sysselsättningsgrad (sg) = N/AB = 4 830/6 900 = 70 %, antal utanför arbetskraft (OLF =OUTSIDE LABOR FORCE) = AB – AK = 6 900 – 5 250 = 1 650 motsvarar 23,91 % av AB. AB = N + U + OLF = 4 830 (70 %) + 420 (6,09 %) + 1 650 (23,91 %) = 6 900 (100 %). Antal sysselsatta i relation till befolkning = N/B = 4 830/10 000 = 48,30 %.

	N	U	OLF
N	0,960	0,020	0,020
U	0,250	0,650	0,100
OLF	0,053	0,031	0,916

Kolumn 1: $(0,96 - 1) \cdot N + 0,250 \cdot U + 0,053 \cdot OLF = 0$ (jämviktsvillkor)
Kolumn 2: $0,020 \cdot N + (0,65 - 1) \cdot U + 0,031 \cdot OLF = 0$ (jämviktsvillkor)
Kolumn 3: $0,020 \cdot N + 0,100 \cdot U + (0,916 - 1) \cdot OLF = 0$ (jämviktsvillkor)
Lösning: N = 0,700, U = 0,0609 och OLF = 0,2391

Kolumn 1: 0,960 · N betyder 4 % separeras från sysselsättning, 25 % från U får sysselsättning, 5,35 % från OLF får sysselsättning. 4 830 · -4 % + 420 · 25 % + 1 650 · 5,345 % = 0. När in- och utflöde per kolumn är noll så råder dynamisk jämviktstillstånd.

7:3 Pris- eller produktionsanpassning

Keynesiansk makroekonomisk teori på kort sikt, antar trögrörliga löne- och prisnivåer, medan sysselsättning och produktion kan anpassas för att samhällsekonomin skall återgå till jämvikt. Potentiell BNP med full sysselsättning = jämviktspris (PP) · jämviktsproduktion (QP). BNP med faktisk sysselsättning = pris (P) · produktion (Q). AE = efterfråga från privat-, offentlig- och utrikessektor. Efterfråga privat sektor: C + I = C0 + b · (1 – t) · Y + (d + rp – r) · K + a · Y. Efterfråga offentlig sektor: G = G0, skatt (T) = skattenivå (t) · Y påverkar privat sektors efterfråga negativt. Efterfrågan utrikes sektor: X – M = X0 – (M0 + m · Y). AE är explicit (uttryckt) och BNP är implicit (underförstådd). Autonom aggregerad efterfrågan (A0) = C0 + (d + rp) · K + G0 + X0 – M0 = 4 300, utgiftsbenägenhet (g) = a + b · (1 – t) – m = 0,20, realkapital (K) = 10 000. Parameter A = A0/(1 – g) = 5 375, parameter B = K/(1 – g) = 12 500, AE = A – B · r, när r varierar, så varierar AE. Anta YP = 5 000 miljarder kr (mdkr).

Räntenivå (r)	AE(r) = A – B · r
2,80 %	5 025 mdkr
2,90 %	5 013 mdkr
3,00 %	5 000 mdkr
3,10 %	4 988 mdkr
3,20 %	4 975 mdkr

Varken pris- eller produktionsanpassning, AE är funktion av ränta.

Makroekonomiska matematiska modeller är enkla men omfattande då de kräver mycket statistik från myndigheter. En modell förbinder statistiska data med matematiska samband, och redovisar beräknade resultat för utvalda samhällsekonomiska storheter på makronivå. Modeller utvärderas och utvecklas fortlöpande, preliminär modell → statistiska myndighetsdata → matematiska antaganden och samband → analys av resultat → korrigering och förbättring → uppdaterad och bättre preliminär modell. $AE = A - B \cdot r = 5\,375 - 12\,500 \cdot r$, $r = (ke \cdot AE - ku \cdot YP)/K = (0,14 \cdot AE - 0,08 \cdot 5\,000)/10\,000$, $N = (AE/P - MK \cdot KP)/MN = (AE/1,25 - 0,10 \cdot 10\,000/1,25)/0,64$ och $u = 1 - N/AK = 1 - N/5\,376$ och $YP = 5\,000$. Med ovanstående data kan dynamisk jämviktsprocess simuleras, redovisas nedan:

r	AE	u	r(t+1)
4,00 %	4 875	9,91 %	2,83 %
2,83 %	5 022	6,49 %	3,03 %
3,03 %	4 996	7,09 %	2,99 %
2,99 %	5 001	6,98 %	3,00 %
3,00 %	5 000	7,00 %	3,00 %

Önskat resultat är uppnått, $r = rp$, $u = un$, samhällsekonomisk jämvikt på makronivå när $AE = YP$. Analys av tabelldata, r påverkar AE, $AE = AE(r)$, med givet pris (P), blir efterfrågan på konsumtions- och investeringsvaror $= Q(AE) = AE/P$, Q är beroende av N då $Q = MN \cdot N + MK \cdot KP$, slutligen beräknas ränta för nästa period, r(t+1) är funktion av AE(t), YP och K. YP och K förändras inte i något dynamiskt beräkningssteg i denna förenklade modell. Keynes dynamiska teori antar att gapet mellan AE och YP kommer successivt utjämnas i en produktions- och sysselsättningsanpassningsprocess, efter viss tidsfördröjning och upprepade beräkningar blir $AE = YP$. Neoklassisk dynamisk teori använder löne- och prisnivåanpassning som får AE att närma sig YP.

Kriterier på modeller kan sammanfattas med fyra K: (1) *Korrespondens* mellan verklighet och modell, (2) *Kontext*, vilket sammanhang och situation är aktuell i nuläge, (3) *Koherens*, sammanhängande, delar bildar helhet och förklaring, (4) *Konsistent*, logiskt motsägelsefri, från analys, antagande, premisser till slutsats och konsekvensbeskrivning.

7:4 IS-LM modell utan sysselsättning och produktion

IS-LM modell för sluten ekonomi (AE = C + I + G) utan sysselsättning och produktion. Investering (I) och sparande (S) är beroende av ränta skrivs I(r) och S(r). När I(r) = S(r) är kreditmarknad i jämvikt (IS-samband). Penningefterfrågan (PE) är beroende av ränta = PE(r), myndighetsstyrd penningutbud (PU) relateras till samhällsekonomiska målen YP och NP, när PE(r) = PU är penningmarknad i jämvikt (LM-samband).

IS-system, samband och kreditmarknad, BNP = BNI = AE

- Offentlig utgift = G0
- Konsumtion = (h − r) · H + b · (1 − t) · Y
- Sparande = Y − T − C = - (h − r) + (1 − b) · (1 − t) · Y
- Investering = (d + rp − r) · K + a · AE
- A(IS) = [h · H + (d + rp) · K + G0]/(1 − a − b · (1 − t)) = 2 600/0,43
- B(IS) = (H + K) /(1 − a − b · (1 − t)) = 15 000/043
- AE(IS) = A(IS) − B(IS) · r = (2 600 − 15 000 · 0,03)/0,43 = 5 000

LM-system, samband och penningmarknad

- PU = PU0 alternativt PU = ku · YP. PE = ke · AE − r · (H + K)
- A(LM) = PU/ke = 400/0,17
- B(LM) = (H + K)/ke = 15 000/0,17
- AE(LM) = A(LM) + B(LM) · r = (400 + 15 000 · 3 %)/0,17 = 5 000

Samtidig jämvikt på kredit- och penningmarknad: AE(IS) = AE(LM) är identiskt med A(IS) − B(IS) · r = A(LM) + B(LM) · r.

Ränta	AE(IS)	AE(LM)
2,70 %	5 105	4 735
2,85 %	5 052	4 868
3,00 %	5 000	5 000
3,15 %	4 948	5 132
3,30 %	4 895	5 265

Ränta

AE(LM)

AE(IS)

BNP

Resonera (antaganden), räkna (aritmetik), reflektion (analys). IS-LM modellen integrerar två teorier, (1) nyklassisk lånemedelsteorin, räntan bestäms av utbud och efterfrågan på obligationsmarknaden, (2) keynesiansk likviditetspreferensteorin räntan bestäms av aktörernas portföljval mellan pengar och obligationer eller mellan efterfrågan och utbud på pengar. (1) IS står för investering (I) och sparande (S), (2) LM står för likviditetsefterfrågan (L) och mängd pengar (M). IS-LM modell visar hur pengar (PE och PU) och kapital (H och K) påverkar aggregerad efterfrågan och räntan, men bortser från sysselsättning och produktion.

7:5 IS-LM modell med sysselsättning (N) och produktion (Q)

Potentiell BNP är funktion av NP, potentiell produktion (QP) = QP(NP) och YP = jämviktsprisnivå (PP) · QP. *När N = NP är arbetsmarknad i jämvikt.* BNP = BNI = W · N + R · KP, YP = WP · NP + RP · KP. När N = NP, är Q = QP, r = rp och Y = YP. SCB redovisar BNP. Konjunkturinstitutet redovisar potentiell BNP. Differens mellan Y och YP kallas för BNP-gap, BNP-gapet är indikator för att bedöma konjunkturläge. Istället för G = G0 (utan offentlig sysselsättning) används G = G0 + W · N2 (offentlig sysselsättning = N2). Nationens sysselsättning (N) = privat och offentlig sysselsättning (N1 + N2). Räntekrävande eget kapital (E) = finansiellt kapital (H) och realkapital (K). H uppdateras per period av inkomst- och kapitalrelaterat sparande, r · (H + K) – h · H = r · E – h · H. För att simulera dynamiskt över flera perioder behövs kumulativa ackumulationsfunktioner för uppdatering av beståndsstorheter:

- Realkapital (K): UVK = IVK · (1 – d) + I = IVK + ΔK
- Finansiellt kapital (H): UVH = IVH + PFS = IVH + ΔH
- Offentlig skuld (OS): UV OS = IV OS – OFS = IV OS - ΔOS

IS-LM modell med sysselsättning, produktion och kapitalackumulation, bra övning är att simulera två politiska mandatperioder på åtta år. Allmän jämvikt är samtidig jämvikt på produkt-, penning- och arbetsmarknad. Konsumenters utgift (P · Q) = producenters arbetsinkomst (W · N) + kapitalinkomst (R · KP). En sysselsatt person är både konsument och producent. N påverkar producerad och konsumerad kvantitet (Q). Algebraisk deriverad matematik utan tidsfördröjning, antar ögonblicklig momentan förändring, produktionsförändring (ΔQ) sker samtidigt med sysselsättningsförändring (ΔN). Derivata förutsätter oändligt små tidsdifferenser och förändringar, ackumulation av många små förändringar (integral). Nationalekonomi använder produktionsfunktioner, Q är funktion av N och K. Värdefunktion (Y) = P · Q(N, KP).

Tre beräkningsmetoder för att skatta BNP

- AE = C + I + G + NX = A − B · r = 5 375 − 12 500 · 3,00 % = 5 000
- BNI = W · N + R · KP = 0,80 · 5 000 + 0,125 · 8 000 = 5 000
- BNP = P · Q = P · (MN · N + MK · KP) = 1,25 · (0,64 · 5 000 + 0,10 · 10 000/1,25) = 5 000

Avkastning per realkapital (R) = deprecieringstakt (d) + jämviktsränta (rp) - penning-ränta (r) + vinstmarginal före skatt (v), R = d + rp - r + v. Vinstmarginal före skatt antas vara noll på marknader med fullständigt perfekt konkurrens (akademiskt villkor), rp bedöms statistiskt vara varken åtstramande eller expansiv, när r = rp antas Y = YP. Pris på produkter (P) och pris på arbete (W) antas vara konstant, pris på pengar (ränta) varierar och blir jämviktsjusterande faktor i beräkningssystemet så att AE = BNI = BNP. Med tre beräkningsmetoder, ökar förståelsen av vilka samhällsekonomiska storheter som påverkar BNP-nivå och BNP-tillväxt.

7:6 Varva teori och matematik om vartannat

Vilka makroekonomiska processer är styrande, går det att säga att en process alltid kommer före en annan process, eller är det olika från situation till situation. Många processer är ömsesidigt beroende av varandra.

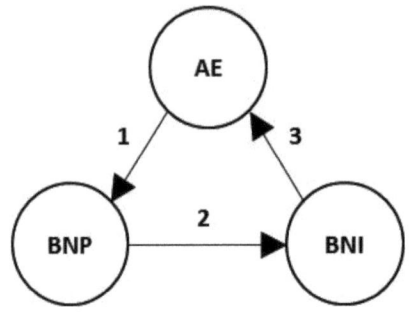

1 Aggregerad efterfrågan (AE)

2 Bruttonationalprodukt (BNP)

3 Bruttonationalinkomst (BNI)

Dynamisk process: (1) ränta myndighet, (2) AE(r), statistik, (3) företag, produktions- och sysselsättningsanpassning, (4) arbetare, BNI, konsumtions- och sysselsättningsanpassning, (5) arbetslöshet myndighet, (6) justerad ränta myndighet. National- och företagsekonomiska termer ex ante (budget) och ex post (bokföring). *Pris på varor är konsumentpris, pris på arbete är lön, pris på pengar är ränta, pris på valuta är växelkurs, pris på kapital är avkastning.* Utjämnings- och anpassningsprocesser i matematiska modeller mot dynamisk jämvikt: (1) neoklassisk teori använder pris- och löneanpassning, (2) Keynes teori använder produktions- och sysselsättningsanpassning, (3) monetär teori använder ränte- och penningmängdsanpassning.

Dynamisk processbeskrivning

1. Myndighet, $r = 2\%$ och $AE = 5\,375 - 12\,500 \cdot 2\% = 5\,125$.
2. Företagen produktion $(Q) = AE/P = 5\,125/1,25 = 4\,100$, $N = (Q - 800)/0,64 = 5\,156$. $Q = Q$ ex ante (budget).
3. Hushåll $BNI = W \cdot N + (d + r) \cdot K = 0,80 \cdot 5\,156 + (0,07 + 0,02) \cdot 10\,000 = 5\,025$, $Q = BNI/P = 5\,025/1,25 = 4\,020$ och $N = 5\,031$. $Q = Q$ ex post (bokföring).
4. Arbetslöshet $(u) = 1 - N/AK = 1 - 5\,031/5\,376 = 6,42\%$.
5. Myndighet nästa period, $r(t+1) = r(t) + \text{viktfaktor} \cdot [un - u(t)]$.

Om viktfaktor = 1,00 blir r(t+1) = 2,58 %, processen upprepas tills AE = BNI = Y = YP = 5 000 och N = NP. Statiskt räntesamband, r = (k · AE − PU)/K, teoretiskt matematiskt samband, kan utvärderas och kritiskt ifrågasättas. Alternativ till statiskt räntesamband är dynamisk ränteåterkopplingsregel, r(t+1) = r(t) + viktfaktor · [un − u(t)], ränteregel med antagandet trögrörliga löner och priser (Keynes teori). Ränteregel med rörliga priser och inflation, r(t+1) = r(t) + viktfaktor · [un − u(t)] + viktfaktor 2 · [p(t) − pm]. Från 1 januari 2023 ny riksbankslag med arbetsföreskrifter till riksbanksdirektionens ledamöter om att väga in inflation och arbetslöshet i sina räntebeslut.

7:7 Dynamisk stokastisk allmän jämviktsmodell

Dynamisk (flera perioder), stokastisk (slumpmässig), allmän jämvikt (samtidig jämvikt på arbets-, penning-, varumarknad), modell (statistik, teori, matematik). Med införandet av stokastiska störningar, kommer Y att avvika från YP med full sysselsättning. Med införandet av dynamiska återkopplingsregler utjämnas Y per period i relation till YP, BNP-gapet går mot noll.

Man kan stress testa modeller med stokastiska störningar, om BNP-gap ökar (divergerar) över tid måste modellen omarbetas eller förkastas, om BNP-gap minskar (konvergerar) över tid kan modellen accepteras. Investeringsfunktion som är beroende av deprecieringstakt (d), nominell BNP-tillväxt (g) och realkapital (K), I = (d + g) · K. Keynes teori I = I0, varierar exogent, beroende på investerarnas irrationella kast mellan optimism och pessimism med avseende på framtida förväntningar och kapitalavkastningar.

Räntekänslig investeringsfunktion I(r) = (d + rp − r) · K + a · Y. Räntenivån regleras per period beroende på BNP-, inflations- och arbetslöshetsgap. Dynamisk stokastisk allmän jämviktsmodell = DSGE-modell.

Vad skiljer investeringsfunktionerna $I = (d + g) \cdot K$ och $I = (d + rp - r) \cdot K + a \cdot Y$? Om de ger samma resultat, gäller följande; $(d + g) \cdot K = (d + rp - r) \cdot K + a \cdot Y$ och $g = (rp - r) + a \cdot Y/K$. I dynamiska modeller kan även investeringsbenägenhet (a) uppdateras mellan perioder av återkopplingsregler.

- BNP och $AE = A - B \cdot r$
- Potentiell BNP och $AE = A - B \cdot$ jämviktsränta (rp)
- Nominell och potentiell BNP-tillväxt (g och gp)
- Statistisk relation Y/K alternativ $YP/K = 0,50$ (antagande)
- På lång sikt $rp = gp$ (approximativt)
- Om $gp = (rp - r) + a \cdot Y/K$ så $r = a \cdot Y/K$

Nominell räntenivå = investeringsbenägenhet $\cdot$ BNP/realkapital. Om företag och investerarare förväntar god framtida avkastning, där investeringsränta > finansieringsränta (penningränta), så ökar deras investeringsbenägenhet, desto större resurs- och kapacitetsutnyttjande (produktion $\cdot$ pris) per realkapital (Y/K) desto större finansieringsränta klarar investerare och företag av.

Hushållssektor (C), hushållsägd inhemsk företags- och banksektor (I), hushållsägd utrikes företagssektor (X − M), offentlig myndighetssektor (G). $AE = C + I + G + X - M$, algebraiska uttrycket härleds från fyra sektorer. Offentlig sysselsättning (N2), privat sysselsättning kan indelas i tre kategorier inhemsk marknadsberoende privat sysselsättning (N1:1), inhemsk myndighetsstyrd privat sysselsättning (N1:2), utrikes marknadsberoende privat sysselsättning (N1:3), nationens sysselsättning (N) = N1 + N2 = (N1:1 + N1:2 + N1:3) + N2.

7:8 Inställning av parametrar i dynamiska jämviktssystem

I dynamiska jämviktssystem utan störningar, är Y = YP i varje period. Värdefunktion: Y = C + I, C = (h − r) · H + b · Y, I = I0 − r · K, r = (ke · Y − PU)/(H + K). YP är statistiskt given av konjunkturinstitutet. Potentiell BNP-tillväxt (gp) = (1 + pm) · (1 + Δq %) · (1 + np) − 1 = jämviktsränta (rp). Riksbankens inflationsmål (pm), produktivitets- och full sysselsättningstillväxt (Δq % och np). Linjär produktionsfunktion ersätter icke linjär produktionsfunktion, produktion (Q) = MN · N + MK · KP, marginalprodukt sysselsättning (MN) = (1 − a) · Q/N, marginalprodukt realkapital (MK) = a · Q/KP.

- BNP (Y) = pris (P) · produktion (Q)
- Potentiell BNP (YP) = jämviktspris (PP) · full produktion (QP)
- Aggregerad efterfrågan (AE) = konsumtion (C) + investering (I)

Finansiellt kapital (H), realkapitalvärde (K) och penningutbud (PU) måste växa i samma takt som potentiell BNP per period. Finansiellt kapitaluttag för konsumtion (h) = rp · (H + K)/H − gp, med villkor rp = gp, blir h = K/H · gp = K/H · rp. Penningefterfrågekoefficient (ke) = [rp · (H + K) + PU]/YP. Konsumtionsbenägenhet (b) = (1 − a) − (h − rp) · H/YP. Investeringskvot (I/Y) = realkapitalets andel av full produktion (QP) = a. Avkastning på realkapital (R = d + rp). Investering oberoende av BNP, I0 = (R + gp) · K och I = I0 − r · K, när r = rp blir I = (d + gp) · K.

 Villkorsstyrd beräkningsordning för storheter kan även gälla för parametrar. T.ex. (1) skattenivå (t) → (2) konsumtionsbenägenhet (b) → (3) finansiellt kapitaluttag för konsumtion (h). Villkor kan vara konstant tillväxt per period.

Inställning av systemparametrar i dynamiska jämviktssystem

- Investeringskvot (a) = (d + gp) · K/YP
- Konsumtionsbenägenhet (b) = (1 – a) – (h – rp) · H/YP
- Potentiell BNP-tillväxt (gp) = (1 + pm) · (1 + Δq %) · (1 + np) – 1
- Finansiellt kapitaluttag för konsumtion (h) = rp · K/H
- Penningefterfrågekoefficient (ke) = [rp · (H + K) + PU]/YP
- Neutral jämviktsränta (rp) = gp

Med rätt inställda parametrar och samband mellan storheter i systemet, så garanteras dynamisk jämvikt. Dynamiska jämviktssystem kan utsättas för störningar som skapar obalans, med återkopplingsregler för t.ex. räntenivån, så kommer systemet över tid automatiskt gå mot ny jämvikt. Genom att stress testa systemet med slumpmässiga chocker i varje period, så skapas konjunktursvängningar kring en uppåtgående potentiell BNP-trend med tillväxt per period = gp, YP(t + 1) = YP(t) · (1 + gp).

Den senaste formulärbaserade folk- och bostadsräkningen genomfördes 1990 (FOB 90) och sedan dess baseras folkräkningarna helt och hållet på Statistiska centralbyråns (SCB) administrativa register. Sverige har inte autentiska BNP- och folkräkningar, utan statistiska BNP- och folkräkningar som administreras av SCB. SCB använder tre statistiska avstämningsmetoder för att skatta BNP, *utgifts-, inkomst- och produktionsmetod*. Förutom dessa tre metoder, så sker matematiska justeringar av system- och jämviktsparametrar, vilket ger myndigheter som SCB, KI, finansdepartementet, ESV med flera, stora möjligheter att tillämpa "kreativ bokföring", *ingen kritik utan konstaterande*. Om efterbearbetning och sammanställning av all insamlad statistik per år, inte visar jämvikt mellan de tre statistiska avstämningsmetoderna och jämförelser mot tidigare års BNP-statistik, så kan med matematiska och statistiska metoder, efterkorrigeringar göras för att allt skall stämma officiellt före publicering till media, myndigheter och allmänheten.

7:9 Intressenter och makroekonomisk rapport

Olika institutionella intressenter fokuserar på olika ekonomiska perspektiv:

- Finansdepartement: Offentligt finansiellt sparande (OFS), skatt (T)
- Riksbank: Ränta (r), prisnivå (P), inflation (p), penningutbud (PU)
- Fackföreningar: Löneandel, reallön (W/P), arbetslöshet (u)
- Börs, kapitalplacerare, aktiesparare: R, kapitaltillväxt, utdelning
- Konjunkturinstitutet: YP, jämviktsarbetslöshet (un), potentiell BNP-tillväxt (gp)
- Statistiska centralbyrån, arbetskraft (AK), sysselsättning (N), BNP (Y).

Samband kopplat till intressenter och makroekonomisk rapport:

- $Y = AE = C + I + G + NX$
- Tillgång = realkapital (K) + finansiellt kapital (H) + penningmängd (PU)
- Offentligt finansiellt sparande (OFS) = $T - G - OR$
- Offentlig ränta (OR) = statslåneränta (rs) $\cdot$ offentlig skuld (OS)
- PU $\cdot$ omloppshastighet (V) = prisnivå (P) $\cdot$ produktion (Q)
- YP = potentiell prisnivå (PP) $\cdot$ potentiell produktion (QP), BNP-gap = $Y - YP$.
- Arbetslöshet (u) = $1 -$ sysselsättning (N)/arbetskraft (AK)
- Produktion (Q) = $MN \cdot N + MK \cdot KP$, $BNI = W \cdot N + R \cdot KP$

Rapportindelning

Storhet	Symbol	År 1	År 2	År 3
Konsumtion	C	2 250	2 334	2 420
Investering	I	1 250	1 316	1 386
Offentlig utgift	G	1 300	1 339	1 379
Nettoexport	NX	200	195	189
Total efterfrågan	**AE**	**5 000**	**5 184**	**5 375**

Storhet	Symbol	År 1	År 2	År 3
Realkapital	K	10 000	10 550	11 128
Finansiellt kapital	H	5 000	5 200	5 386
Penningmängd	PU	400	412	424
Total tillgång	**T**	**15 400**	**16 162**	**16 938**

Storhet	Symbol	År 1	År 2	År 3
Räntenivå	r	3,00 %	2,98 %	2,96 %
BNP-tillväxt	g		3,69 %	3,67 %
Kapital tillväxt	ΔT %		4,95 %	4,80 %

Storhet	Symbol	År 1	År 2	År 3
Skatt	T	1 300	1 348	1 397
Offentlig utgift	G	1 300	1 339	1 379
Offentlig ränta	OR	30	30,6	31,0
Off fin spar	**OFS**	**-30**	**-22**	**-13**
Offentlig skuld	OS	1 500	1 530	1 552

Storhet	Symbol	År 1	År 2	År 3
Lön	W	0,800	0,821	0,838
Sysselsättning	N	5 000	5 028	5 080
Avkastning	R	10,00 %	10,02 %	10,04 %
Realkapital	K	10 000	10 550	11 128
BNI	**BNI**	**5 000**	**5 184**	**5 375**

Storhet	Symbol	År 1	År 2	År 3
Marginalprodukt N	MN	0,6400	0,6412	0,6411
Sysselsättning	N	5 000	5 028	5 080
Marginalprodukt KP	MK	0,1000	0,1002	0,1002
Realkapitalstock	KP	8 000	8 275	8 557
Produktion	**Q**	**4 000**	**4 053**	**4 115**

Kvantitets- och mängdteori: PU · V = P · Q = BNP.

Storhet	Symbol	År 1	År 2	År 3
Penningmängd	PU	400	412	424
Cirkulation	V	12,500	12,584	12,665
Prisnivå	P	1,250	1,279	1,306
Produktion	Q	4 000	4 053	4 115
BNP	Y	5 000	5 184	5 375

Sparande (S) = realt sparande och investering (I) + finansiellt sparande (PFS) = Y − T − C = (r − h) · H + (1 − b) · (1 − t) · Y.

Storhet	Symbol	År 1	År 2	År 3
Realt sparande	I	1 250	1 316	1 386
Fin sparande	PFS	230	216	202
Sparande	**S**	**1 480**	**1 533**	**1 588**

Integrerade samband för investering, ränta och kapitalavkastning.

- Investering, $I = (d + gp) \cdot K + (rp − r) \cdot K + a \cdot (Y − YP)$
- Räntenivå, $r = v \cdot rp + (1 − v) \cdot (k \cdot Y − PU)/(H + K)$
- Kapitalavkastning, $RR = d + gp + (rp − r)$

Statistiska referensvärden är restriktioner på kort sikt. Statistiska referensvärden är potentiell BNP (YP), full sysselsättning (NP), full produktion (QP), inflationsmål (pm), jämviktsprisnivå (PP), jämviktsarbetslöshet (un), jämviktsräntenivå (rp), potentiell BNP-tillväxt (gp). YP = PP · QP. Om Y > YP antas P > PP, p > pm, u < un, N > NP, Q > QP, r < rp, g > gp. I jämvikt antas r = rp, g = gp och rp = gp. Om (W · NP)/YP = 0,80 antas $Q(NP)/QP = 0{,}80$. Om $(R \cdot KP)/YP = 0{,}20$ antas $Q(KP)/QP = 0{,}20$. Lön (W) = 0,80, NP = 5 000, YP = 5 000, löneandel = $(W \cdot NP)/YP = 0{,}80$. Full produktion (QP) = MN $\cdot$ NP + MK $\cdot$ KP = $0{,}64 \cdot 5\,000 + 0{,}10 \cdot 10\,000/1{,}25 = 4\,000$, Q(NP) = MN $\cdot$ NP = 0,64 $\cdot$ 5 000 = 3 200 vilket är 80 % av 4 000 (QP). Inflation (p) = $P/PP \cdot (1 + pm) - 1$, förväntad jämviktsprisnivå (PP) inkluderar förväntad prisuppräkning som är lika med nationens inflationsmål, PP är prisnivå ex ante, beräknad prisnivå (P) är prisnivå ex post. I ekvationssystem som använder matrisräkning, beräknas samtidigt (simultant) fyra ekvationer:

1) AE = A $-$ B $\cdot$ r = mp $\cdot$ A0 $-$ mp $\cdot$ (H + K) $\cdot$ r

2) r = v $\cdot$ rp + (1 $-$ v) $\cdot$ (k $\cdot$ Y $-$ PU)/(H + K)

3) (1 $-$ a) $\cdot$ QP $\cdot$ P $-$ W $\cdot$ N = 0, notera Q(NP) = (1 $-$ a) $\cdot$ QP

4) Y + r $\cdot$ K $-$ W $\cdot$ N = (d + gp + rp) $\cdot$ K

Autonom efterfrågestorhet (A0) = C0 + I0 + G0 + X0 $-$ M0. Multiplikator (mp) är beroende av konsumtions-, investerings- och importbenägenhet. Ekvationer 1-2 postkeynesiansk makroekonomi, ekvationer 3-4 neoklassisk makroekonomi, systemet blir en syntes av postkeynesiansk och neoklassisk makroekonomi. Neoklassisk makroekonomi har sina rötter i mikroekonomisk teori, icke linjära funktioner ersätts av linjära funktioner. Icke linjär produktionsfunktion: $Q = A \cdot KP^a \cdot N^{(1-a)}$ är approximativt lika med linjär produktionsfunktion: Q = MN $\cdot$ N + MK $\cdot$ KP.

I dynamiska modeller för flera perioder, tillkommer återkopplingsregler och kapitalackumulationssamband. Dynamiska jämviktssystem bygger på teoretiska stabilitets- och jämviktsantaganden. Om allt tillåts förändras på kort sikt, så uppstår kaotiska inte beräkningsbara system.

8 FORMEL- OCH EXEMPELSAMLING

Summering av förädlingsvärden (FV) i flera led, FV = marknadsvärde (MV) – resursvärde (RV), konsument betalar summa förädlingsvärden = $\sum$ FV = 100 %.

	Skogsägare	Sågverk	Bygggrossist	Byggdetaljist	Konsument
MV	5 %	25 %	60 %	100 %	
RV	0 %	5 %	25 %	60 %	
FV	5 %	20 %	35 %	40 %	100 %

Beräkna BNP år 2 med statistiska data från år 1:

År 1	C	I	G	NX	Y
Värde	2 250	1 250	1 300	200	5 000
Andel	0,45	0,25	0,26	0,04	1,00
Tillväxt	3,00 %	2,50 %	3,00 %	2,00 %	2,84 %
År 2	2 318	1 281	1 339	204	5 142

Kritisk granskning av investeringsfunktion: I = d · K − r · K + (a · Y + rp · K). D = deprecieringstakt (d) · realkapital (K) = 0,07 · 10 000 = 700, vissa år kan I = D = ersättningsinvestering, nyinvestering är då noll. Om r = jämviktsränta (rp) = 0,03, blir nyinvestering = investeringsbenägenhet (a) · Y = 0,11 · 5 000 = 550, utgående realkapitalvärde = ingående realkapitalvärde + ny- eller nettoinvestering = 10 000 + 550 = 10 550. Bruttoinvestering (I) = 1 250, BNP-andel (I/Y) = 0,25 jämförs mot tidigare investeringskvoter, D/I = 0,56 (lågt), ΔK % = 5,50 % (högt), r = rp, kriterier på investering.

Förändring av offentlig utgiftsnivå (ΔG) påverkar autonom efterfrågestorhet (A0).
Förändring av skattenivå (Δt) påverkar multiplikator (mp).

C0	50	b	0,80
I0	100	t	0,25
G0	200	g	0,60
A0	**350**	**mp**	**2,50**

A0 = C0 + I0 + G0 = 350, g = b · (1 – t) = 0,60, mp = 1/(1 – g) = 2,50, Y = mp · A0 = 875.

ΔG	-10	0	+10
A0	340	350	360
ΔY	-25	0	+25
Y	**850**	**875**	**900**

Δt	-0,02	0	+0,02
mp	2,60	2,50	2,40
ΔY	36	0	-34
Y	**911**	**875**	**841**

Offentlig finans-/utgiftspolitik, reglering av G och t påverkar Y. OFS = T – G.

Kapitalstruktur och lönsamhet:

Utlånings-Kapital (T)	1 000	Inlånings-Kapital (S)	900
		Bank Kapital (E)	100
Summa	1 000	Summa	1 000

Skuldsättningsgrad (SG = S/E) = 900/100 = 9. Soliditet (E/T) = 10 %. E/T = 1/(1 + SG). Desto större värde på SG desto större finansiell risk. Hög belåningsgrad = hög skuldsättningsgrad och låg soliditet. Utlåningsränta (RT) = 5 %, inlåningsränta (RS) = 4 %, resultatränta (RE), räntemarginal = RT – RS. RE = RT + (RT – RS) · SG = 5 % + (5 % - 4 %) · 9 = 14 %.

Riksbanken är bankernas bank, långivare i sista hand (LENDER OF LAST RESORT). Hushåll har insättningsgaranti, banker har "riksbanksgaranti". Penningmängd- eller räntestyrning, r = (k · Y – PU)/K, PU = k · Y – r · K. Om k = 0,15, Y = 880, K = 1 400, penningmängdstyrning PU = 90 styr r = (0,15 · 880 – 90)/1 400 = 0,03, räntestyrning r = 0,03 styr PU = 0,15 · 880 – 0,03 · 1 400 = 90. Återkopplingsregel för ränte- och skattenivå, r(t+1) = r(t) + vikt · inflationsgap (t) - (1 – vikt) · arbetslöshetsgap (t), och t(t+1) = t(t) – vikt · relativt budgetgap (t) - (1 – vikt) · arbetslöshetsgap (t). Inflationsgap = p – pm. Arbetslöshetsgap = u – un. Relativt budgetgap (bg) = OFS/(G + OR), OFS = T – G – OR. Om vikt = 0,75 så är (1 – vikt) = 0,25.

r(t-1)	vikt	p(t-1)	u(t-1)	r(t)
2,00 %	0,75	3,00 %	4,00 %	3,50 %
3,00 %	0,75	2,00 %	7,00 %	3,00 %
4,00 %	0,75	1,00 %	10,00 %	2,50 %

t(t-1)	vikt	bg(t-1)	u(t-1)	r(t)
28,00 %	0,75	-4,00 %	4,00 %	31,75 %
30,00 %	0,75	0,00 %	7,00 %	30,00 %
32,00 %	0,75	4,00 %	10,00 %	28,25 %

Politisk styrning med autopilot och automatiska stabilisatorer, automatiskt åter-
kopplande självreglerande system. Automatisk regelstyrd stabilisator minskar AE i
högkonjunktur, och ökar AE i lågkonjunktur. Analys av privat finansiellt sparande
(PFS). Hushållens sparande (S) = privat realt sparande (PRS = I) + PFS. PFS = S – I = NX
– OFS. Om S = 1 450, I = 1 250, NX = 200, OFS = 0 blir PFS = S – I = 1 450 – 1 250 = 200
= NX – OFS = 200 – 0 = 200. OFS = T – G – OR. Nationens finansiella sparande (NFS) =
PFS + OFS = nettoexport (NX). Skatt (T) = skattenivå (t) · BNP.

t	NX	OFS	PFS
0,260	197	-25	222
0,266	200	0	200
0,270	202	16	186

UV finansiellt kapital (UVH) = IV finansiellt kapital + PFS. PFS = r · (H + K) – h · H + [(1
– b) · DI – a · Y – (d + rp) · K]. Om t = 0,26 är kapitaldel av PFS = 126 och inkomstdel
är 96. Om t = 0,266 är kapitaldel av PFS = 122 och inkomstdel = 78. Om t = 0,27 är
kapitaldel av PFS = 120 och inkomstdel = 66. Uppräkning av UVH påverkar nästa års
BNP-beräkning men inte årets BNP-beräkning.

Stabilisera (utjämna) konjunktur per politisk mandatperiod. Från år 0 (året innan)
och fyra år, år 1-4 (politisk mandatperiod). Lågkonjunktur (LK) Y < YP, balanserad
konjunktur (BK) Y = YP, högkonjunktur (HK) Y > YP. Y/YP = 0,97 (LK år 0).

År	LK	BK	HK
0	0,970	1,000	1,030
1	0,978	1,000	1,023
2	0,985	1,000	1,015
3	0,993	1,000	1,008
4	1,000	1,000	1,000

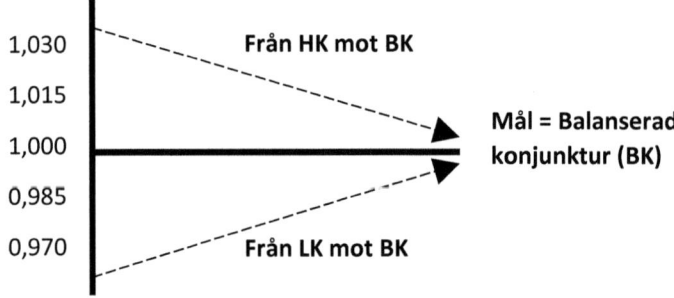

Beräkna BNP per år och per månad. BNP per år, Y = A − B · r = 5 375 − 12 500 · 3,00 % = 5 000. A = aggregerad efterfrågestorhet, B = kapitalstorhet, r = räntenivå, Y = BNP. BNP per månad = A/12 − B · r/12 = 448 − 12 500 · 0,25 % = 417. Inflation (p) = inflation föregående period [p(t-1)] + faktor · (Y − YP)/YP ± utbudschock (uc). Potentiell BNP (YP) per år = A − B · jämviktsränta (rp) och potentiell BNP per månad = A/12 − B · rp/12. BNP per månad med efterfrågechock (EC): Y = A/12 − B · r/12 ± EC. Anta månad 3 är EC = -17 och uc = 1,50 %, då blir BNP månad 3 = 448 − 12 500 · 0,25 % - 17 = 400 och Y/YP = 400/417 = 0,96 vilket är statistiskt lågt. Inflation (p) = 0,167 % + 0,31 · (400 − 417)/417 + 1,50 % = 0,40 %, månadsinflation på 0,40 % motsvarar års-inflation på 4,90 %. Ränta i nästa period = räntenivå + vikt/12 · (p − pm) + (1 − vikt)/12 · (Y − YP)YP = 0,25 % + 0,90/12 · (0,40 % - 0,167 %) + (1 − 0,90)/12 · (400 − 417)/417 = 0,23 %. Månad 4-12 inga ytterligare störningar, genom återkopplingsprocesser per månad utjämnar systemet automatiskt så att BNP (Y) går mot potentiell BNP (YP). Inflationsmål per år = 2,00 % motsvarar inflationsmål per månad = 0,167 %. Nedan visas grafiskt i diagram hur anpassningsprocessen ser ut.

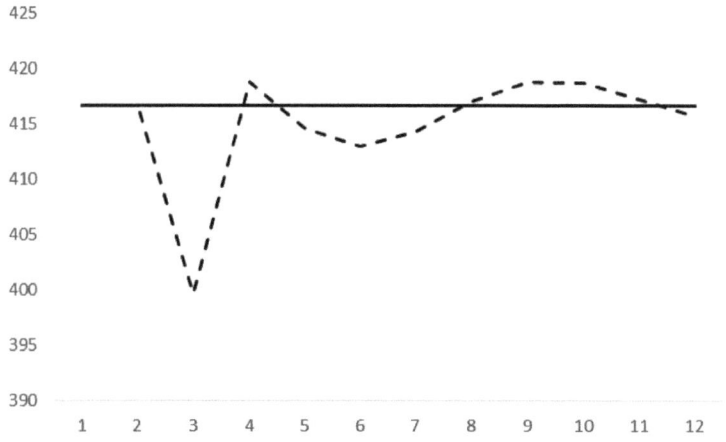

Horisontell linje representerar potentiell BNP (YP) per månad, streckad linje är BNP (Y) per månad (kort konjunktur = vågrörelse).

- Y = A – B · r ± efterfrågechock (EC)
- YP = A – B · rp
- Inflation (p) = p(t-1) + faktor · (Y – YP)/YP ± utbudschock (uc)
- Ränta (r) = r(t-1) + vikt · (p – pm) + (1 – vikt) · (Y – YP)/YP
- Samhällsekonomisk jämvikt Y = YP, p = pm, r = rp

IS-PC-MR-modell, pedagogisk teoretisk modell, med urval av ett fåtal samband. Investering och sparande (IS), Phillips kurva (PC) där relativt BNP-gap ersätter arbetslöshetsgap vid beräkning av inflation, nationers centralbankers reaktionsfunktion och monetär regel (MR) för att definiera och bestämma optimal räntenivå som utjämnar differenser mellan BNP med störning och potentiell BNP utan störning.

- Reaktionsfunktion RF = a · [(Y − YP)/YP]^2 + b · (p − pm)^2

- Förväntad inflation, pe = v · pm + (1 − v) · p(t-1), viktkoefficient (v)

- Inflationsfunktion, p = pe + f · (Y − YP)/YP + utbudschock (uc)

- BNP-samband, Y = A − B · r + efterfrågechock (EC)

- Potentiell BNP-samband, YP = A − B · rp, jämviktsränta (rp)

Derivera reaktionsfunktion med avseende på BNP, integrera optimal funktion enligt derivatans första ordnings villkor så blir r = rp + [EC + b · f/(a + b · f^2) · YP · (pe − pm + uc)]/B, om räntans reaktions- och bestämningsfunktion sker med en periods tidsfördröjning så anpassas och utjämnas BNP-gap med tidsfördröjning. Räntefunktion härledd från deriverad optimal reaktionsfunktion är parameterstyrd och tar direkt hänsyn till efterfrågechock (EC) och utbudschock (uc), EC mäts i miljarder kronor, uc mäts i procentenheter. Alternativ är att kommande räntenivå i nästa period är en funktion av föregående periods räntenivå, inflations- och relativa BNP-gap, utan direkt men indirekt hänsyn till EC och uc. Efterfrågechock (EC) påverkar direkt BNP så att BNP avviker från potentiell BNP. Utbudschock (uc) påverkar direkt inflation så att inflation avviker från riksbankens inflationsmål. EC och uc ger upphov till BNP- och inflationsgap, som justeras med reglerad anpassad räntenivå.

IS-LM modell utan utrikeshandel, samtidig jämvikt på penning- och kreditmarknad. IS(AE, r), jämvikt kreditmarknad (lånemedelsteori): S(AE, r) = I(AE, r), [(1 − b) − a] · AE + r · (H + K) = h · H + (d + gp + rp) · K + (1 − b) · G0. LM(AE, r), jämvikt penningmarknad (likviditetspreferensteori): PU = PE(AE, r), k · AE − r · (H + K) = PU. IS jämviktsvillkor: 2 120 = 0,334 · AE + r · 15 000 och 0,334 · ΔY + 15 000 · Δr = 0. LM jämviktsvillkor: 400 = 0,17 · AE − r · 15 000 och 0,17 · ΔY − 15 000 · Δr = 0. Villkor: T = G ger S(Y, r) = I(Y, r). Nedåtgående IS-linjen skär inte, utan korsar uppåtgående LM-linjen i planet, ränta på Y-axel och AE på X-axel. IS-linjen har konstant värde 2 120 på Z-axeln, och LM-linjen har konstant värde 400 på Z-axeln, visas inte i läroböcker. IS-LM modellen är ur teoretiskt perspektiv, mer pedagogisk konst än vetenskap.

Ränta (r)	AE(IS)	AE(LM)
2,50 %	5 225	4 559
3,00 %	5 000	5 000
3,50 %	4 775	5 441

Tre dimensioner (X, Y, Z)
AE (IS) = X, r = Y, Z = konstant
5 225, 2,50 %, 2 120
5 000, 3,00 %, 2 120
4 775, 3,50 %, 2 120

Alternativ i IS-LM modell, bestämda värden på G och PU påverkar nivån på AE och r, alternativt önskade värden på AE och r påverkar nivån på G och PU. YP är målvariabel, Y bör inte avvika mycket från YP, önskemål är Y = YP. Önskad räntenivå = jämviktsräntenivå = real tillväxt + inflationsmål. Real tillväxt = produktivitets- och sysselsättningstillväxt. Offentlig budgetrestriktion, liten avvikelse mellan T och G.

Tre dimensionellt diagram

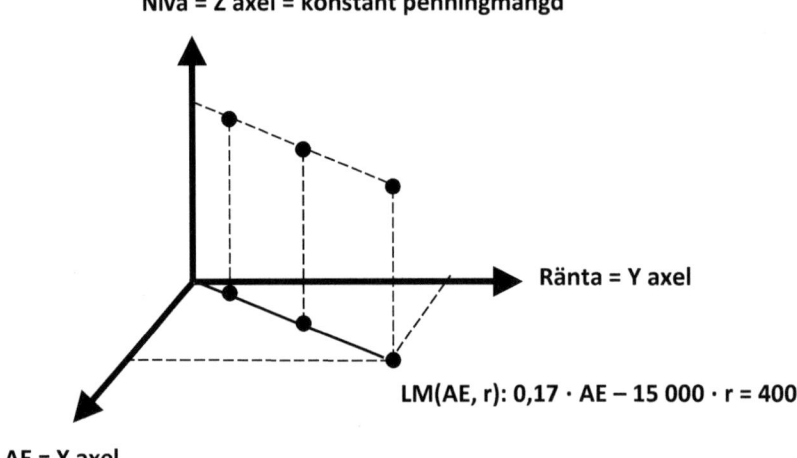

Nivå = Z axel = konstant penningmängd

Ränta = Y axel

LM(AE, r): 0,17 · AE – 15 000 · r = 400

AE = X axel

0,17 · AE - 15 000 · r = 400 nivåkonstant (Z-axel). Varje kombination av värden av AE på X-axel och r på Y-axeln ger konstant nivåvärde på Z-axeln. I AE/r planet = XY planet, är LM-linjen positivt uppåtgående, där visuella intrycket är att det är AE och r som påverkar varandra, medan det är restriktionen, ett visst bestämt nivåvärde (konstant) på Z-axeln som påverkar och avgör värden på AE och r. De flesta diagram i makroekonomi använder planbeskrivning (två dimensioner, X och Y) och inte rumsbeskrivning (tre dimensioner, X, Y och Z).

Nominell och real växelkurs påverkar export (X) och import (M). Nominell växelkurs (E) och real växelkurs (e). En svensk produktmix av varor och tjänster kostar 10 000 SEK (P), motsvarande utländsk produktmix kostar 1 000 EUR (P*), för lika värde för pengarna (köpkraft) i respektive land blir köpkraftsväxelkurs (PPP = Purchasing power parity) = P/P* = 10 000 SEK/1 000 EUR = 10 SEK/EUR = 10 SEK per EUR, 1 EUR kostar 10 SEK. Real växelkurs (e) = E · P*/P = PPP · P*/P = 10 SEK/EUR · 1 000 EUR/10 000 SEK = 1, vilket är ett index (jämförelsemått). Om E = PPP så är e = 1,00, det råder köpkraftsparitet mellan länderna. Om svensk inflation (p) är 3 % och utländsk inflation (p*) = 2 % blir förväntad växelkurs (F) = ingående värde E · (1 + p)/(1 + p*) = 10,098 SEK/EUR, kronan deprecierar (försvagas), inflationsdifferens påverkar köpkraftsväxelkurs, om p > p* kronan deprecierar, om p < p* kronan apprecierar (förstärks).

Räntedifferens påverkar växelkurs, (1 + r) = F/UV E · (1 + r*), svensk räntenivå (r) = 3 %, utländsk räntenivå (r*) = 5 %, utgående värde nominell växelkurs = UV E = (1 + r*)/(1 + r) · F = (1 + r*)/(1 + r) · IV E · (1 + p)/(1 + p*) = 10,294. Växelkurs påverkar export (X) och import (M). Utgående värde real växelkurs = ingående värde real växelkurs · (1 + r*)/(1 + r), X = X0 · e och M = M0 + m/e · Y, real växelkurs (e) = IV e. UV e påverkar nästa år. Två länder, A och B, en varukorg kostar 1 000 ae i land A och 1 000 be i land B växelkurs är 1:1. Land A har 2 % inflation femtio år varukorg kostar 2 691,60 ae. Land B har inflation 4 % femtio år varukorg kostar 7 106,70 be. Växelkurs efter femtio år är 2,64 be per ae enligt köpkraftsparitetsteorin.

Inkomstfördelning och GINI-koefficient (GK) påverkar konsumtionsbenägenhet

En nations inkomstfördelning påverkar hushållens konsumtionsbenägenhet (b) och konsumtion (C) = (h − r) · H + b · [(1 − t) · Y + OR], ökar b så ökar C, minskar b så minskar C, b samvarierar med konsumtionens BNP-andel (C/Y), hög andel C/Y indikerar högt värde på b, låg andel på C/Y indikerar lågt värde på b. Social konstruktion för att mäta inkomstfördelning. Befolkning indelas i tio grupper på horisontell X-axel, och inkomst indelas i stigande grad i tio inkomstklasser på vertikal Y-axel.

Med perfekt inkomstfördelning, 10 procent inkomst på 10 procent befolkning, 20 procent ackumulerad inkomst på 20 procent ackumulerad befolkning, beskriver geometriskt en triangel med basen 100 % och höjden 100 % motsvarar geometrisk area på (100 % · 100 %)/2 = 50 % = 0,50. Anta ojämn kurva (Lorenz kurva) = X^2 (polynom av andra grad), arean för X^2 kurva är X^3/3 som har geometrisk area från 0 till 1 på

1/3, då är arean mellan triangelns räta 45 graders lutning och Lorenz kurvan 0,50 – 1/3 = 1/6 och GINI koefficient är 1/6 dividerat med 0,50 = 1/3, överensstämmer approximativt med Sveriges GINI-koefficient (GK). Triangel area = A, arean under Lorenz kurva = B, GK = (A – B)/A. Desto större differens mellan A och B, desto större GINI-koefficient och inkomstskillnader inom nationen, antas på sikt minska konsumtionsbenägenhet. Återkommande fråga inom beteendeekonomi, skall ett samhälle eftersträva jämlikhet i möjligheter eller jämlikhet i resultat.

Inkomst	Ack inkomst	Ack andel
18 000	18 000	7,86 %
28 000	46 000	20,09 %
43 000	89 000	38,86 %
61 000	150 000	65,50 %
79 000	229 000	100,00 %

Här visas bara fem inkomstgrupper istället för tio inkomstgrupper. Varje inkomstgrupp motsvarar 20 % av befolkningen.

B = 0,20 · (7,86 % + 20,09 % + 38,86 % + 65,50 % + 50,00 %) = 0,3646, GK = (A – B)/A = (0,50 – 0,3646)/0,50 = 0,2708. Geometrisk areaberäkning (trapetsformeln).

Två nationers beräkning. Nation 2 (EUROPA) är tjugo gånger större än Sverige i ekonomiska måttstorheter. BNP = (C0 + b · (1 − t) · Y) + I0 + G0 + X0 + andel av Y* - M0 − m · Y. Nedan tabelldata med fiktiva data. EUROPAS BNP = Y*.

Storhet	Sverige	EUROPA
C0	150	3 000
I0	1 200	24 000
G0	1 300	26 000
X0	150	1 470
M0	-1 470	-150
b	0,6355	0,6355
t	0,26	0,26
m	0,206	0,0203

Villkor för simulering, nettoexport är noll och offentligt budgetsaldo är noll för Sverige och EUROPA. Y = C + I + G + NX = C + I + G, då NX = 0 enligt villkor, BNP (Y) = 2 504 + 1 200 + 1 300 = 5 004. EUROPA BNP (Y*) = 50 074 + 24 000 + 26 000 = 100 074.

Investering är efterfrågestorhet och indirekt utbudsstorhet, investering påverkar realkapital, som påverkar produktion, BNP och BNI. För att K skall växa i samma takt som Y måste investering per år vara lika med (d + g) · K, realkapitalförändring (ΔK) = (d + g) · K − d · K = g · K och ΔK % = g (BNP-tillväxt). Balanserad investering = (d + g) · K. Investering med hänsyn till låg-, balanserad- och högkonjunktur, I = (d + g) · K + (rp − r) · K + a · (Y − YP). Är rp > r så ökar investering. Om Y > YP så ökar investering. Jämviktsräntenivå (rp) bestäms statistiskt och är förväntad ränteavkastning. Om Y > YP behöver nationens produktionskapacitet utökas, det behövs mer investering för att öka realkapital. Investeringsbenägenhet (a) kan liksom ränte- och skattenivå använda återkopplingsregel mellan perioder a(t+1) = a(t) + vikt · [Y(t) – YP(t)]/YP(t). Genom att kombinera en störning och utjämnande återkopplingsregler för utvalda storheter, så skapas en matematisk konjunkturcykel som varierar kring en statistisk potentiell uppåtgående BNP-trend. På 2000-talet har IS-LM-PC modellen kompletterat IS-LM modellen. Phillipskurvan (PC) visar samband mellan inflation och arbetslöshet, p = pm + f · (Y – YP)/YP. Inflationssamband kan omskrivas till prisnivåsamband. Jämviktsprisnivå och prisnivå ex ante (PP) = P0 · (1 + pm), beräknad prisnivå ex post (P) = P0 · (1 + p), prisnivå föregående år = prisnivå årets början (P0). Tre ekvationsmodell:

1) **IS**: AE = A – B · r, aggregerad efterfrågan (AE) = BNP (Y)

2) **LM**: r = (k · AE – PU)/K

3) **PC**: P = PP + P0 · f · (Y – YP)/YP

Beräkna BNP-nivå och relativt BNP-gap om inflation (p) = 1 %, YP = 5 000, pm = 2 %, faktor (f) = 0,31, Y = YP + YP/f · (p – pm) = 5 000 + 5 000/0,31 · (1 % - 2 %) = 4 839. Inflation = 3 % ger Y = 5 000 + 5 000/0,31 · (3 % - 2 %) = 5 161. Om p = 2 % blir Y = YP = 5 000. Omskrivning av ekvationer för matrislösning:

1) 1 · Y + B · r = A

2) k · Y – K · r = PU

3) P0 · f · Y – P · YP = - YP · (PP – f · P0)

Vänster uttryck beräknas, höger uttryck anges.

Y	r	P	Exogen	Utdata
1,000	12 500	0,000	5 375	5 000
0,140	-10 000	0,000	400	3,00 %
0,380	0,000	-5 000	-4 350	1,250

Hur mycket måste PU öka, för att öka Y från 5 000 till 5 161? PU måste öka från 400 till 552, r minskar från 3,00 % till 1,71 %, p ökar från 2 % till 3 %, P ökar från 1,250 till 1,262, OFS = T – G = 0,30 · 5 161 – 1 500 = 49. Hur mycket måste G öka, för att öka Y från 5 000 till 5 161? G måste öka från 1 500 till 1 652, r ökar från 3,00 % till 3,23 %, OFS = T – G = -103.

Matrisberäkning sker samtidigt (simultant), BNP-, ränte- och prisnivå beräknas och uppdateras direkt. När G ökar kraftigt blir OFS negativt. Om G ökar med 48 och PU ökar med 104 blir OFS = 0, r = 2,19 % och BNP = 5 161. Multiplikator (mp) = 1/(1 + m + k – a – b · (1-t)) = 1/(1 + 0,30 + 0,14 – 0,08 – 0,6 · (1 – 0,30)) = 1/0,94. A0 = C0 + I0 + G0 + X0 – M0 = 200 + 1 000 + 1 500 + 2 300 – 700 = 4 300. Y = mp · (A0 + PU) = 1/0,94 · (4 300 + 400) = 5 000. Genom att ändra värden på G och PU så beräknas automatiskt BNP-, ränte- och prisnivå. Finans- och utgiftspolitik, ändra G och skattenivå (t). Penning- och räntepolitik, ändra PU som påverkar räntenivån som påverkar investering. Integreras en fjärde ekvation 4) P · NP – (1 – un) · P0/3 · N = NP · (PP – (1 – un) · P0/3), så beräknas även sysselsättning och arbetslöshet.

BNP är funktion av två variabler, prisnivå (P) och kvantitetsnivå (Q) = Y(P, Q) = P · Q. Y = P1 · Q1 = P2 · Q2 = P3 · Q3 = 1,20 · 4 225 = 1,25 · 4 056 = 1,30 · 3 900 = 5 070. Algebraiska samband illustrerade geometriskt och grafiskt på tre axlar (tre dimensioner), P på Y-axel, Q på X-axel, BNP på Z-axel. Samband mellan P och Q med grafisk geometrisk beskrivning på två axlar, se nästa sida:

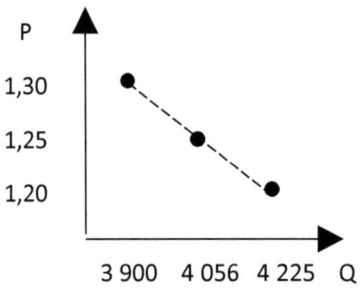

Diagrammet kan tolkas som: När P ökar så minskar Q, när P minskar så ökar Q, fast sambandet är Q = Y/P, förklaringsstorheten BNP (Y) finns dock inte med i diagrammet.

Samband mellan BNP (Y), P och Q, Y är konstant, P och Q varierar:

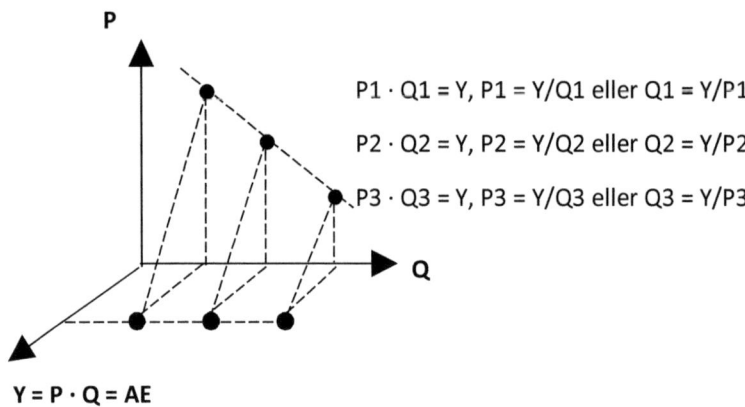

P1 · Q1 = Y, P1 = Y/Q1 eller Q1 = Y/P1

P2 · Q2 = Y, P2 = Y/Q2 eller Q2 = Y/P2

P3 · Q3 = Y, P3 = Y/Q3 eller Q3 = Y/P3

Y = P · Q = AE

Använda mikroekonomiska efterfråge- och utbudsresonemang på makronivå kan bli missriktade och leda till fel slutsatser och samband! P på Y-axel, Q på X-axel och BNP (Y) på Z-axel, tredimensionell beskrivning och förklaring.

8:1 Rekommendationer, tips och råd

$YP = PP \cdot QP = WP \cdot NP + RP \cdot KP$. $QP = MN \cdot NP + MK \cdot KP$. $PP = WP/qN + RP/qK$. Rekommendation, använd prisnivå- och produktionsnivåberäkning för att beräkna potentiell BNP-nivå. (1) $YP = WP \cdot NP + RP \cdot KP = (2)$ $YP = WP \cdot NP + R \cdot K$, ekvation (1) rekommenderas, realkapitalstock (KP) = realkapitalvärde (K)/potentiell prisnivå (PP). $R = d + gp + rp - r$ och $RP = PP \cdot R$. Potentiell BNP (YP) beräknas i en värdefunktion, potentiell produktion (QP) beräknas i en produktionsfunktion. $Y = AE = C + I + G + NX$. $UVK = IVK + I - D$. $UVH = IVH + PFS$. Investeringsfunktion: $I = SB + (d + gp) \cdot K + (rp - r) \cdot K + a \cdot (Y - YP)$. Subvention (SB) från offentlig sektor till hushållsägd företagssektor, investeringsstöd för t.ex. förbättring av nationens infrastruktur.

Konsumtionsfunktion: $C = (h - r) \cdot H + b \cdot [(1 - t) \cdot Y + OR + TR]$. Transferering och bidrag (TR) från offentlig sektor till hushållssektor. Sparfunktion: $S = SB + (r - h) \cdot H + (1 - b) \cdot [(1 - t) \cdot Y + OR + TR]$. Penningutbud (PU) = sedlar och mynt (S) + bankkreditpengar (B). Centralbankspengar = sedlar och mynt. Istället för räntefunktion använd ränteregel, används av världens centralbanker. Använd återkopplingsregel för att beräkna kommande ränte-, skatte- och bidragsnivå och nivåjustering. Återkopplingsregel fungerar som automatisk stabilisator mellan perioder.

Kapitalinkomst (realkapitalavkastning) = $(d + gp + rp - r) \cdot K = R \cdot K$, investering i realkapital (I) = $R \cdot K + a \cdot (Y - YP) + SB$. Inflation (p) = ΔP %, inflationsmål (pm) = 2,00 %, jämviktsarbetslöshet (un) cirka 7,00 %, arbetslöshet (u). BNP-tillväxt (g) = p + sysselsättnings- och produktivitetstillväxt (n + Δq %). $YP(t+1) = YP(t) \cdot (1 + gp) = PP(t) \cdot (1 + pm) \cdot QP(t) \cdot (1 + np + \Delta qp$ %). I låg- och högkonjunktur finns differenser (gap) mellan statistiska data och statistiska skattade referensvärden, vilket det inte gör i en balanserad konjunktur. Simulera i lämpligt kalkylprogram två politiska mandatperioder på åtta år, för att testa hur modellen klarar av störningar och chocker, LYCKA TILL!

8:2 Bilaga

SCB försörjningsbalans år 2019: $Y + M = C + I + G + X$, vänster sida $5\ 025 + 2\ 186 = 7\ 211$, höger sida $= 2\ 275 + 1\ 240 + 1\ 300 + 2\ 396 = 7\ 211$. Med SCB:s data kan matematiska ekvationer formuleras, $M = M0 + m \cdot Y = 959{,}90 + 0{,}244 \cdot Y$, $C = C0 + b \cdot (1 - t) \cdot Y = 43{,}90 + 0{,}60 \cdot (1 - 0{,}26) \cdot Y$, $I = I0 - r \cdot K = 1\ 534 - 2{,}94\ \% \cdot 10\ 000 = 1\ 240$, $G = G0 = 1\ 300$, $X = X0 = 2\ 396$. Här antas $YP = 5\ 000$ och $OFS = T - G = t \cdot YP - G = 0$, vilket inte kan utläsas från SCB:s försörjningsbalans. Skattenivå $(t) = G/YP = 1\ 300/5\ 000 = 0{,}26$. Konjunkturinstitutet (KI) skattar YP.

Lösning: $A0 = C0 + (I0 - r \cdot K) + G0 + X0 - M0 = 43{,}90 + (1\ 240) + 1\ 300 + 2\ 396 - 959{,}90 = 4\ 020$, $mp = 1/(1 + m - b \cdot (1 - t)) = 1/[1 + 0{,}244 - 0{,}60 \cdot (1 - 0{,}26)] = 1{,}25$ och $Y = A0 \cdot mp = 4\ 020 \cdot 1{,}25 = \underline{\textbf{5 025}}$. *Matematisk försörjningsbalans är nu identiskt med SCB:s statistiska försörjningsbalans.* BNP enligt SCB $= 5\ 025$ och KI:s $= 5\ 000$, BNP-gap $= Y - YP = 5\ 025 - 5\ 000 = 25$, när $Y > YP$ antas högkonjunktur. **Räntefunktion** $r = (k \cdot Y - PU)/K$ och $I = I0 - r \cdot K = I0 - (k \cdot Y - PU)$, r påverkar inte, utan PU och penningefterfrågekoefficient (k) påverkar. $A0 = C0 + I0 + G0 + X0 - M0 + PU = 4\ 723{,}50$, $PU = 409{,}50$, $mp = 1/(1 + m + k - b \cdot (1 - t)) = 1/0{,}94$ och $k = 0{,}14$. BNP $(Y) = A0 \cdot mp = 4\ 723{,}50 \cdot 1/0{,}94 = \underline{\textbf{5 025}}$.

Tre politiska storheter, offentlig konsumtion (G0), skattenivå (t), penningutbud (PU), när G0, t och PU förändras, uppdateras alla storheter utom export $X = X0 =$ statistiskt given data $= 2\ 396$. Om BNP föregående år var $4\ 871$, är årets nominella BNP-tillväxt $(g) = 5\ 025/4\ 871 - 1 = 3{,}155\ \%$, består av inflation och real BNP-tillväxt. $OFS = T - G = 0{,}26 \cdot 5\ 025 - 1\ 300 = 6{,}50$. **Inflationsfunktion**, $p = pm + f \cdot (Y - YP)/YP$, riksbankens inflationsmål $(pm) = 2\ \%$, faktor (f) skattas till $0{,}31$, $p = 2\ \% + 0{,}31 \cdot (5\ 025 - 5\ 000)/5\ 000 = 2{,}155\ \%$. Real BNP-tillväxt approximativt $= 3{,}155\ \%$ (g) $- 2{,}155\ \%$ (p) $= 1\ \%$. Real BNP-tillväxt består av sysselsättningstillväxt (n) + produktivitetstillväxt (q).

Inflations-/arbetslöshetsfunktion, $p = pm - a \cdot (u - un)$, faktor a skattas till 1/3, KI skattar $un = 7\%$, u beräknas efter att p beräknats i inflationsfunktion, $u = (p - pm)/-a + un = (2{,}155\% - 2\%)/(-1/3) + 0{,}07 = 6{,}535\%$. Alternativt $u = un - (1 - un) \cdot (Y - YP)/YP = 6{,}535\%$.

Matrisräkning, simultanräkning fyra ekvationer: (1) $AE = A - B \cdot r = mp \cdot (A0 - K \cdot r)$. (2) $r = (k \cdot AE - PU)/K$. (3) $p = pm + f \cdot (Y - YP)/YP$. (4) $p = pm - a \cdot (u - un)$. **YP** = förädlingsvärde per sysselsatt $(F) \cdot NP$. $F = W + R \cdot K/NP = 0{,}80 + 0{,}10 \cdot 10\,000/5\,000 = 1{,}00$. $YP = F \cdot NP = 1{,}00 \cdot 5\,000$. Vad händer om löneförhandlingar mellan arbetsmarknadens parter landar på $W = 0{,}805$ och kapitalavkastning $R = 0{,}11$, $F = W + R \cdot K/NP = 0{,}805 + 0{,}11 \cdot 10\,000/5\,000 = 1{,}025$ och $YP = 1{,}025 \cdot 5\,000 = 5\,125$. $Y = 5\,025$ enligt SCB, $YP = 5\,125$, BNP-gap $= Y - YP = 5\,025 - 5\,125 = -100$, indikerar lågkonjunktur och konjunkturnedgång då BNP-tillväxt (g) är mindre än potentiell BNP-tillväxt (gp). Om PU ökar från 409,50 till 503,50 minskar r från 2,94 % till 2,14 %, och $Y = YP$. Real tillväxt = 3,21 %. $YP = PP \cdot QP$. QP är inte maximal produktion, utan långsiktig hållbar produktion som är förenligt med stabil inflation = riksbankens inflationsmål. När $Y = YP$ så är $p = pm$, $u = un$, $g = gp$ och real tillväxt lika för Y och YP.

Matematisk exakt beräkning ex post av statistiska data för två politiska mandatperioder (åtta år), då beräknas värden på konsumtions-, investerings- och importbenägenhet (b, a och m) så att matematisk försörjningsbalans för åtta år = SCB:s statistiska försörjningsbalans för åtta år. I detta fall blir parameterberäkning viktigare än storhetsberäkning, då det är funktioner med parametervärden som påverkar beräknade värden på storheterna i systemet. Medelvärden och standardavvikelser kan beräknas för a, b och m som senare kan användas vid statistiska prognosberäkningar.

Beräkningsordning i makroekonomisk modell

Steg 1: Skatta potentiell BNP = PP · QP = 1,25 · 4 000 = 5 000, P0 = PP/(1 + pm) = 1,225, YP = WP · NP + RP · KP = 0,80 · 5 000 + 0,125 · 8 000 = 5 000. Ingående värde prisnivå = P0, riksbankens inflationsmål = pm = 2 %. Konjunkturinstitutet (KI) skattar YP med enkäter och statistiska metoder.

Steg 2: Beräkna aggregerad efterfråga = mp · [A0 − r · (H + K)] = 1,25 · [4 570 − 3,40 % · 15 000] = 5 075, A0 = C0 + I0 + G0 + X0 − M0, multiplikator (mp), räntenivå (r) = r0 (exogent given). Finansiellt kapital (H), realkapitalvärde (K). Räntenivån = r0 exogent given ex ante, myndighetsstyrd av riksbank och banker.

Steg 3: Relativt BNP-gap (bg) = (Y − YP)/YP = (5 075 − 5 000)/5 000 = 1,50 %, inflation (p) = pm + 0,31 · bg = 2,47 %, arbetslöshet (u) = un − (1 − un) · bg = 5,61 %. Prisnivå (P) = P0 · (1 + p) = 1,256, Q = Y/P = 4 042, N = (1 − u)/(1 − un) · NP = 5 075, q = Q/N = 0,796. Konjunkturinstitutet (KI) skattar jämviktsarbetslöshet (un = 7 %).

Steg 4: Beräkna realkapitalavkastning (R) = PP · (d + gp + rp − r) = 1,25 · (0,07 + 0,03 + 0,03 − 3,40 %) = 0,120, W = (Y − R · KP)/N = 0,811, MN = W/P = 0,646, MK = R/P = 0,096, AK = Q/KP = 0,505. Investeringsfunktion I = R · KP + investeringsbenägenhet (a) · BNP (Y). Investeringsfunktion påverkar AE, BNP och BNI.

Steg 5: Kontroll Q = MN · N + MK · KP = 4 042, P = W/q + R/AK = 1,256, Y = P · Q = 5 075. Om r ökar från 3,40 % till 3,80 % blir Y = YP. Om r ökar från 3,40 % till 4,20 % blir Y < YP, u = 8,40 % och p = 1,54 %. Med kontroll på alla delar i systemet, kan YP för nästa år prognostiseras och även nästa års BNP kan beräknas. AE = BNP = BNI.

IS-LM modell (AE-modell) med beräknad prisnivå (P), Y(P) = AE(P)

För att penningefterfråga (PE) = penningutbud, och kreditefterfrågan (investering) = kreditutbud (sparande), så gäller att OFS = T − G = 0, och PFS = S − I = 0. I sluten ekonomi är NFS = OFS + PFS = (T − G) − (S − I) = 0. PU bestäms exogent ex ante av myndighet, PE = P/PP · [k · AE − r · (H + K)], PE beräknas endogent ex post. Låt A = (h · H + (d + rp) · K + (1 − b) · G)/(1 + k − a − b). Låt B = PP · PU/(1 + k − a − b). AE som funktion av P: AE(P) = A + B/P. Y som funktion av P: Y(P) = YP + E · (P − PP) där E = YP/(P0 · f). Jämviktsvillkor AE(P) = Y(P). Låt D = (A − YP + E · PP)/E då blir beräknad jämviktsprisnivå (P) = roten ur (B/E + (D/2)^2) + D/2.

Konjunktur	G	PU	p	AE	r
Låg	1 425	350	1,05 %	4 846	3,14 %
Balans	1 486	400	2,00 %	5 000	3,00 %
Hög	1 520	460	2,94 %	5 152	2,80 %

AE(P) och Y(P) beräknas simultant (samtidigt). När AE beräknas utan prisnivå blir Y(låg) = 4 839 och p = 1 %, Y(balans) = 5 000 och p = 2 %, Y(hög) = 5 161 och p = 3 %. Utan prisnivå, primärt AE-samband styr sekundära inflations- och arbetslöshetssamband. N och u, P och p, hör ihop. Arbetslöshet (u) = 1 − sysselsättning (N)/arbetskraft (AK) och N = (1 − u) · AK. Inflation (p) = P/P0 − 1 och P = P0 · (1 + p). Prisnivå årets början = P0. Produktion (Q) = AE/P = Y/P, kan betraktas som tertiärt samband, då sambandet inte är integrerat i systemet utan styrs av AE-sambandet och är efterfrågeanpassat.

Realkapital (K) är räntefaktor, ränta på realkapital = r · K. Realkapitalstock (KP) är produktionsfaktor, Q = MN · N + MK · KP, KP = K/PP. Y = P · Q = (P · qN) · N = F · N. Q/N = qN = A · (KP/N)^a och F = P · A · (KP/N)^a. Förädlingsvärde per sysselsatt (F) = prisnivå (P) · total faktorproduktivitet (A) · kapitalintensitet (KP/N) upphöjt med realkapitalstockens exponent (a). F = P · produktion per sysselsatt (qN). Y = P · qN · N och nominell BNP-tillväxt (g) $\approx$ inflation (p) + produktivitetstillväxt (Δq %) + sysselsättningstillväxt (n). Sverige har inget BNP-tillväxt- eller arbetslöshetsmål, utan ett inflationsmål på 2 % per år. Inflationsgap = $(p - pm) = f \cdot (Y - YP)/YP = - f/(1 - un) \cdot (u - un)$ och $u = un - (1 - un) \cdot (Y - YP)/YP$. Prisförändring sker snabbt och enkelt, sysselsättningsförändring sker långsamt och regelstyrt via lagar och arbetsmarknadsparters avtal. Öppen IS-LM modell med inflations- och arbetslöshetssamband, där relativt BNP-gap styr nivån på inflation och arbetslöshet.

En myndighets BNP-prognos kan vara andel av potentiell BNP. $PU = [1 + m + k - b \cdot (1 - t)] \cdot Y - (C0 + I0 + G0 + X0 - M0)$ och $r = (k \cdot Y - PU)/(H + K)$. $N = (Y - (d + gp + rp - r) \cdot K)/W$. Arbetslöshet $(u) = 1 - N/AK$ ur utbuds-/produktionsperspektiv, kan avvika från arbetslöshet ur efterfråge-/konsumtionsperspektiv $u = un - (1 - un) \cdot (Y - YP)/YP$. $BNI = W \cdot AK \cdot (1 - u) + (d + gp + rp - r) \cdot K = AE$. Prisnivå $(P) = PP + f \cdot P0 \cdot (Y - YP)/YP$ och $Q = Y/P$. Total faktorproduktivitet $(A) = Q/[KP^a \cdot N^{(1-a)}]$. BNI blir en länk mellan AE (aggregerad efterfrågan) och BNP (aggregerat utbud). National-, politisk-, offentlig ekonomi och *3M: Makt, Myndighet, Media*.

Med utvalda makroekonomiska nyckeltal; BNP, tillväxt, ränta, skattenivå, växelkurs, inflation, arbetslöshet, kommunicerar politiker och myndigheter via media till allmänheten, om nationens ekonomiska tillstånd. Inte bara beräkningsordning utan prioriteringsordning, påverkar matematiska modellers beräkningar. Statistiska data är givna data från myndigheter, matematiska data beräknas. Statistiska och matematiska data kombineras i nationalekonomiska modeller. Efterfrågeinflation (KPI) ur konsumentperspektiv. Utbudsinflation (PPI) ur producentperspektiv.

Matematiska modeller är inte substitut, utan komplement och beslutsstöd till politiker och myndigheter. En matematisk modell fungerar som ett ramverk för att utveckla och förbättra logiska resonemang och beslut. August Strindberg: - *Vad är ekonomi? En vetenskap uppfunnen av överklassen för att komma åt frukten av underklassens arbete*. Bankekonomer är låneförsäljare. Räntedifferens 2 % - 1 % = räntedifferens 6 % - 5 %, skillnad är att lägre räntenivådifferens (2 % - 1 %) är mer attraktivt för lånekunder än högre räntenivådifferens (6 % - 5 %), bankernas lånestock och räntenetto ökar. Bankekonomer påverkar via media riksbankens direktion att sänka styrräntan, för att öka utlåningsvolymer till kunder. Ett annat argument, är att öka bostadsbyggandet, på grund av stor inflyttning från omvärlden till Sverige, då ökar bankernas utlåningsstockar.

Ökat bidrag till hushåll gynnar butiker och handelns försäljning, argument ur politiskt perspektiv är, jämnare inkomstfördelning och rättvis välfärdspolitik. Matematiska modeller är transparenta, värderingsneutrala och ger snabb återkoppling på sannolika konsekvenser av politiska och myndigheters reformförslag. Förnuftsresonemang kan verka självklart givna utan akademisk forskning, som *positiv korrelation mellan realkapitalutnyttjandegrad (Q/K ↑) och realkapitalavkastningsgrad (R/K ↑).* Om PU↑ → r↓ → Q↑, (Q/K)↑ och (R/K)↑. Enkel produktionsfunktion $Q = q \cdot N$, $Y =$ förädlingsvärde per produkt $(f) \cdot (q \cdot N) = F \cdot N$, $F = f \cdot q$.

Återkopplingsregler fungerar som automatiska stabilisatorer mellan perioder, beskriver samhällsekonomiska dynamiska intertemporala effekter (självreglering mellan perioder). Subventioner påverkar offentligt finansiellt sparande, sparande och investering. Om $u(t) > un$ så ökar procentuellt arbetslöshetsbidrag i period (t+1), bidrag (t+1) = bidrag (t) + vikt $\cdot$ [u(t) − un]. Alan Greenspan (ordförande för USA:s centralbank, Federal Reserve, 1987 - 2006), uttalande när han förklarar penningpolitiken inför den amerikanska kongressen: - *Om Ni tycker jag uttryckt mig tydligt, så är jag dessvärre rädd att Ni missuppfattat vad jag sagt!*

Repor och riksbankens reporänta, heter numera styrräntan, repor är obligationsförsäljning och återköp av obligation inom en eller två veckor, sker mellan banker, marknadsaktörer och riksbank, på så vis påverkar riksbanken och bankerna penningmängden i samhället. Speciella korta obligationslån med återköpsklausul som emitteras av myndigheter, sker på penningmarknad och inte på obligationsmarknad. En repa är ett tidsbegränsat lån med ett värdepapper som säkerhet. Ökad investering i samhällen kräver ökad finansiering, vilket sannolikt ökar utgivning (nyemission) av långsiktig finansiering som obligationslån. Genomsnittlig ränta är vägt medelvärde av penningränta och obligationsränta, penningränta i sin tur kan vara funktion av jämviktsränta (rp) och $(k \cdot Y - PU)/(H + K)$. Investerings- och räntefunktion är ömsesidigt beroende av varandra.

Utveckling av nationellt institutionaliserat socioekonomiskt politiskt system 1932-1976, en period på 44 år, kan beskrivas som ett socialdemokratiskt konstruerat samhällsystem. Systemets grund är relativt stabilt, som kompletteras och anpassas successivt av samhällsekonomiska och politiska reformer.

Funktionell inkomstfördelning visar hur en nations bruttonationalinkomst fördelas mellan produktionsfaktorerna arbetskraft och realkapital. Vertikal inkomstfördelning visar hur hushållens inkomster fördelas mellan olika inkomstgrupper i samhället. Med skatt och bidrag utjämnas inkomstskillnader mellan inkomstgrupper: Höginkomsttagare hög skatt och lågt bidrag. Låginkomsttagare låg skatt och högt bidrag. Disponibel inkomst = bruttoinkomst − skatt + bidrag. Stora bruttoinkomstavvikelser blir betydligt mindre disponibelinkomstavvikelser per inkomstgrupp. Utjämnande omfördelningssystem genom differentierade skatteavdrag och bidragstilldelning per inkomstgrupp. Utjämnande inkomstfördelningssystem är fördelaktigt för butikskedjor och detaljhandelns försäljning av kapital-, sällan köp- och dagligvaror, vilket ökar nationens hushållskonsumtion.

Privat- och offentlig sektor fungerar som två kommunicerande kärl. Ökar OFS så minskar PFS, minskar OFS så ökar PFS. OFS = T − G. PFS - NX = BNI − skatt + bidrag − C - I (realt sparande) − NX. Nationens kassaflöde (NKF) = OFS + (PFS− NX) = 0. NFS = NX. I slutna nationalekonomiska system utan utrikeshandel är NFS noll. Bara genom utrikeshandel med omvärlden skapas ett nationellt finansiellt sparande. Banker använder ofta kommunikation via media, där huvudbudskapen inriktas mer mot allmänhetens emotionella känslor och mindre på deras rationella kognitiva tänkande. Varje dag kommunicerar banker, att riksbanken bör sänka styrräntan, för att uttryckligen få fart på nationens ekonomi, men även underförstått få fart på bankernas utlåningsverksamhet och ökade räntemarginaler och bankresultat. Y = efterfrågefaktor - kapitalfaktor · ränta. Ökar r så minskar Y, minskar r så ökar Y.

Makroberäkningar redovisar kvantitativa mått på ett fåtal valda makrostorheter, någon detaljerad beskrivning och fördelning på individnivå redovisas inte. Istället för att redovisa BNP i absoluta tal (kronor), kan BNP och BNP fördelning redovisas i relativa tal (procent). Y = 70 % privat och 30 % offentligt, privat fördelas på 45 % hushållens konsumtion, 22 % bruttoinvestering och 3 % nettoexport. En nation med minskad bruttoinvestering och minskad upprustning av nationens infrastruktur över längre tid, går mot stagnation och förfall. PFS sker i inhemsk- och utrikessektor. Disponibel inkomst i hushållssektor fördelas mellan konsumtion och sparande, ökar C så minskar S, minskar C så ökar S. Hushållens inklusive hushållsägd företagssektors sparande består av realt sparande (bruttoinvestering) och finansiellt sparande (NX +/- OFS).

Är akademisk makroekonomi bra på att beskriva hur en nationens politiska socioekonomiska system fungerar, är den tillräcklig, vad behöver förbättras, man tolkar och läser in mycket mellan raderna, viket många gånger blir godtyckligt subjektivt och inte vetenskapligt objektivt. Somliga akademiska nationalekonomer väljer att beskriva makroekonomi med mikroekonomiska perspektiv och metoder, ett uppbyggnadsperspektiv nerifrån och upp, från individ på mikronivå till nation på makronivå. Genomsnittlig konsumtion per invånare och år gånger befolkningsmängd är lika men nationens hushållskonsumtion. Konjunkturinstitutet skattar hushållens konsumtion och företagens bruttoinvesteringar på makronivå genom riktade hushålls- och företagsenkäter till enskilda hushåll och företag. Med mikroekonomiska mätningar och beräkningar blir makroekonomisk teori överflödig och onödig. IS-LM modellen används ofta i akademisk utbildning med fokus på finans- och penningpolitik, varu- och penningmarknad, men missar viktigaste marknaden, arbetsmarknaden. Utan sysselsättning ingen produktion eller nationalekonomisk aktivitet. Utan nationalekonomiska teorier och matematiska samband på makronivå blir nationalekonomi bokföring och statistik.

Om en nations befolkning är mycket högt skuldsatta, där relationen hushållsskulder och disponibel inkomst är nästan 200 %, då blir hushållen väldigt räntekänsliga, vilket påverkar nationens konsumtion, och på sikt lägre arbetskraftsefterfrågan och sysselsättning, arbetslösheten ökar. Nivån på arbetskraftsefterfrågan är relaterat till konjunktur, nivån på arbetskraftsutbud är relaterat till struktur, utbildnings- och kompetensnivå. Reglera räntenivån via riksbank och banksektor kan ske kvartalsvist per år, reglera människors teoretiska och praktiska utbildnings- och yrkesfärdighetsnivå kan ta upp till tio år. Om en nations arbetskraft är 6 miljoner personer varav kvalificerad arbetskraft är 5 miljoner personer då är latent arbetslöshet 1 miljon personer. Eftersatt utbildnings- och näringspolitik påverkar en nations ekonomiska tillstånd och tillväxt. Demografiska beräkningar kompletterar makroekonomiska beräkningar. Om 70 000 personer går i pension, ny rekryteringsbas är 100 000 personer varav 60 000 personer ersätter de nyblivna pensionärerna då ökar arbetslöshet. Makroekonomi fungerar som ett kommunikations-, språk- och förändringsverktyg för politiker, myndigheter och media, riktat mot allmänheten.

Matematisk simulering, politisk mandatperiod fyra år, föregående år är statistiskt avstämnings år, antagande samhällsekonomisk jämvikt Y = YP. Matematiska samband: C = (h - r) · H + b · [(1 - t) · Y + TR + OR]. I = (d + gp + rp - r) · K + a · (Y - YP). OFS = T – G – TR – OR. M = m/e · Y. X = X0 · e. UVK = IVK + I – D. UVH = IVH + PFS. UV OS = IV OS – OFS. Real växelkurs (e): UV e = IV e · (1 + r*)/(1 + r), utländsk räntenivå (r*). Tre återkopplingsregler, räntenivå r(t+1) = r(t) + vikt · inflationsgap (t), skattenivå t(t+1) = t(t) – vikt · OFS(t)/föregående års (G + TR + OR), bidragsnivå tr(t+1) = tr(t) + vikt · arbetslöshetsgap (t).

Matematiska parametervärden, a = 0,05, b = 0,614, d = 0,07, h = 0,07, gp = 0,03, rp = 0,03, m = 0,45, statslåneränta (rs) = 0,02, r* = 0,03, pm = 0,02, un = 0,07, inflationsfaktor (f) = 0,31, vikt i återkopplingsregler = 0,50. Potentiell BNP uppräknas per år med gp. År 1:4 politisk mandatperiod fyra år, utsätts för exportchock, två scenarier, scenario 1 minus 100 mdkr, scenario 2 plus 100 mdkr, simulering visar hur BNP anpassas mot YP efter störning.

YP-serie fem år, enhet mdkr: 5 000, 5 150, 5 305, 5 464, 5 628. Y-serie fem år, **exportchock minus 100 mdkr**: 5 000, 5 056, 5 356. 5 504, 5 635.

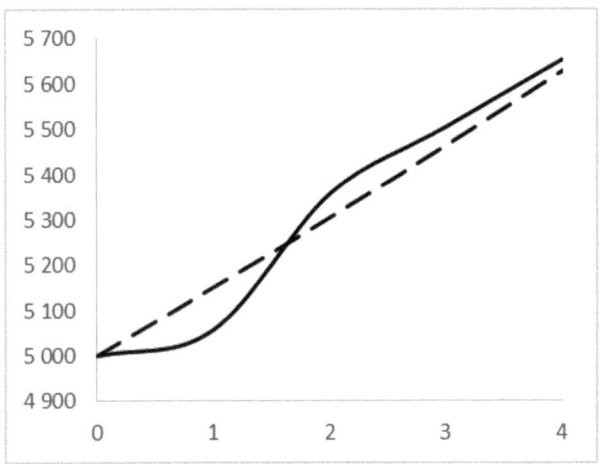

Y-serie fem år, **exportchock plus 100 mdkr**: 5 000, 5 243, 5 252, 5 423, 5 603.

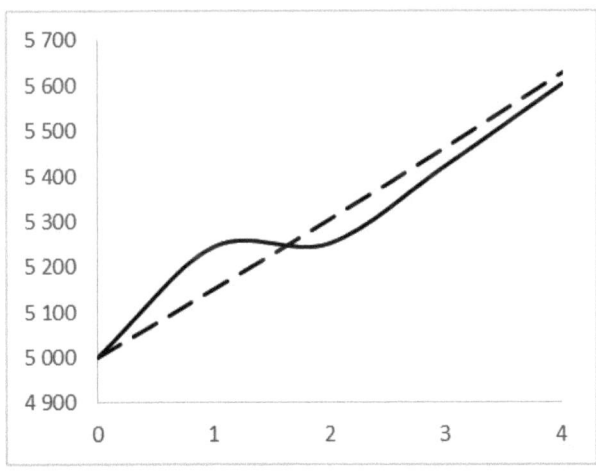

Matematiska modellen är dynamiskt stabil, robust och hanterar chocker. BNP anpassas till potentiell BNP. I båda scenarierna kommer ränte-, skatte-, inflations-, arbetslöshets- och bidragsnivån att variera lite, vilket är ett kriterium på en dynamisk stokastisk allmän jämviktsmodell. En matematisk modell med 30-50 beräkningssamband som denna är hanterbar, överblickbar och ger underlag för fördjupad analys, ger förklaringar till hur samband i modellen interagerar med varandra och ger underlag för förutsägelser om kommande utveckling och tillväxt. I båda diagrammen är potentiell BNP den streckade uppåtgående trendtillväxtlinjen, och de ifyllda konjunkturella linjerna är BNP. Alternativ till ränteregel är penningmängdsregel. Penningutbud och penningmängd = penningutbudskoefficient (ku) · potentiell BNP, ku(t+1) = ku(t) − viktkoefficient (v) · [Y(t) − YP(t)]/YP(t). Nivån på PU styr r, eller nivån på r styr PU är i matematisk makroekonomisk teori likvärdigt.

Fördelning mellan arbete (sysselsättning) och kapital har debatterats i flera sekler och decennier, hur stor andel av BNP relaterar till sysselsättning och kapital. Löneandel är sysselsättningens BNP-andel. Kapitalandel är realkapitalets BNP-andel. Utbudsbestämd BNP (produktionsinkomst) och produktion är funktion av produktionsfaktorerna sysselsättning och realkapital. Funktionell inkomstfördelning visar storlek på arbets- och kapitalinkomst, löneandel = arbetsinkomst/BNP, kapitalandel = kapitalinkomst/BNP. Löneandel påverkar konsumtionsbenägenhet. Kapitalandel påverkar investeringsbenägenhet. Parametrar i funktioner kan vara konstanta eller variabla. Parametrars startvärden bestäms med statistiska data och statistiska metoder (ekonometri). Parametrars löpande värden bestäms matematiskt med tillbakablickande perspektiv. Konsumtionsbenägenhet (b), investeringsbenägenhet (a), löneandel (LA), kapitalandel (KA).

- Konsumtionsbenägenhet, b(t+1) = b(t) · LA(t)/LA(t-1)
- Investeringsbenägenhet, a(t+1) = a(t) · KA(t)/KA(t-1)

Konsumtionsbenägenhet är parameter i konsumtionsfunktion. Investeringsbenägenhet är parameter i investeringsfunktion. Dynamisk tidsfördröjd interaktion mellan utbud och efterfråga, löne- och kapitalandel är utbudsberäknade, påverkar konsumtions- och investeringsbenägenhet med tidsfördröjning, som i sin tur påverkar efterfrågestorheterna konsumtion (C) och investering (I). Funktionell inkomstfördelning visar hur produktionsinkomst (BNP) fördelas mellan arbets- och kapitalinkomst. Personell inkomstfördelning visar hur arbetsinkomst fördelas mellan olika inkomstgrupper i samhället. Begreppet ojämlikhet relaterar till personell inkomstfördelning och inte till funktionell inkomstfördelning. GINI-koefficient mäter personell inkomstfördelning, men mäter inte funktionell inkomstfördelning. GINI-koefficient är en indikator och inget exakt statistiskt mått. Om man utsätter en modell för störningar, så kommer löne- och kapitalandel variera kring trögrörliga stabila nivåer, variationerna kring trendvärden är små. En modell är en experimentell teoretisk laborationsverkstad, teorier utvärderas och analyseras mot matematiska utfall, med motto, ständiga förbättringar, där teorier verifieras (accepteras) eller falsifieras (förkastas).

Härleda och bevisa matematiska samband med logik och algebra. EU-avgift och utlands bistånd (EUU). NX = X − M, OFS = T − G − EUU, S = Y − T − C, PFS = S − I.

1. $Y + M = C + I + G + X$ (SCB:s försörjningsbalans)
2. $Y + (T − T) + (EUU − EUU) = C + I + G + NX$
3. $(Y − T − C) - I + (T − G − EUU) + EUU = NX$
4. $PFS + OFS + EUU = NX$ och $PFS = NX − EUU - OFS$

Skatt (T) finansierar EUU, om OFS = 0 är T = G + EUU. Sveriges bytesbalans (BB) mot omvärlden = NX − EUU = PFS + OFS = nationens finansiella sparande (NFS). PFS = BB − OFS = BB om OFS = 0. EUU belastar offentlig utgiftsbudget, men betalas av hushålls- och företagssektorn, vilket minskar privat finansiellt sparande (PFS) = NX − EUU. Relation (1) offentlig sektor beskattar hushålls- och företagssektor med skatt (T) som finansierar G och EUU. Relation (2) hushålls- och företagssektor betalar till utrikessektor (omvärlden) EUU, vilket minskar PFS.

Ett dygn har omloppshastighet 365 gånger per år. En månadslön och månadsränta har omloppshastighet 12 gånger per år. Omloppshastighet kan vara ekonomiskt mått på hur ofta pengar omsätts per år. På banksparande pengar uppräknas upplupen ränta dag för dag, men tillgodoskrivs sparkapitalet på årets sista dag, utgående sparkapital = ingående sparkapital + årets ränta. Om BNP förväntas växa per år med 3 %, så innebär det successiv tillväxt under året, inte lika stor månadstillväxt, decembertillväxt > januaritillväxt. Om penningefterfrågan och penningbehov januari är 412 mdkr och december 424 mdkr, antas BNP = (412 + 424)/2 · 12 månader = 5 016 mdkr. Utgift i penningenheter för mängd köpta prissatta varor och tjänster per år = mängd pengar · penningmängdens omloppshastighet per år. Om en nations utgiftsmängd per månad = 418 mdkr och penningmängd per månad = 418 mdkr, utgiftsmängd per år (BNP) = 5 016 mdkr = 12 gånger penningmängd per månad.

En stor andel av pengar används för att köpa och sälja aktier, värdepapper, fastigheter och befintliga kapitalobjekt, vilket reducerar den penningmängd som används för att köpa och sälja varor och tjänster. Nyproducerade varor och tjänster inräknas i BNP, men inte befintliga produkter från lager eller spekulation i befintliga aktier, obligationer, fastigheter och kapitalobjekt. Penningdifferens i relation till räntebärande kapital indikerar nivån på procentuell ränta. Penningefterfrågan hos hushåll och företag inkluderar upplupen ränta och pengar för att betala nyproducerade varor och tjänster.

Teoretisk nationalekonomi kan vara lika abstrakt matematiskt som teoretisk fysik. En stor idol till nationalekonomins fader Adam Smith (1723-90) var "mekanikens fader" Isaac Newton (1643-1727). Gemensamt för natur- och samhällsvetenskap är att båda kunskapsområdena postulerar enkla teorier och principer bakom verklighetens komplexitet och mångfald. Penningdifferens per månad (PD) = penningefterfrågan per månad (PE) − penningutbud per månad (PU), om PE = 437,5 mdkr, PU = 400 mdkr, PD = 37,5 mdkr, räntebärande kapital (K) = 15 000 mdkr, relation PD/K = 0,25 %, pris på pengar (PD) är ränta i kronor, månadsränta = PD/K = 0,25 %, motsvarar årsränta 3 %. Ränta i kronor = ränta i procent · tidsfaktor · kapital = tillväxt i procent · tidsfaktor · kapital, matematiskt är det ingen skillnad på ränta och tillväxt. Om BNP = 5 000 mdkr, K = 10 000 mdkr, inkomsttillväxt 3 %, kapitalränta 3 %, förväntas BNP bli nästa år 5 150 mdkr och K = 10 300 mdkr, lika stor relativ värdetillväxt men olika stor absolut värdetillväxt. Inkomstflöde och flödesstorhet (BNP), realkapitalbestånd och beståndsstorhet (K). Om räntenivån sänks av riksbanken, förväntas lägre ekonomisk tillväxttakt för nationen. BNP-tillväxt är årets BNP i relation till föregående års BNP. BNP startar från noll och ökar successivt kumulativt månad per månad till slutligt värde sista dagen på året. K:s värde uppräknas vid periodslut. BNP består till största del av lönekostnad per sysselsatt (W) · sysselsättning (N), resten är bruttokapitalavkastning (R) · nationens kapitalvärde (K), BNP = W · N + R · K. Beståndsstorheter ackumuleras inom och mellan år, flödesstorheter ackumuleras inom ett år men inte mellan år. Genomsnittlig BNP-tillväxt på sikt är approximativt lika med genomsnittlig räntenivå (jämviktsräntenivå), som är lika med inflation, produktivitets-och sysselsättningstillväxt.

Syfte och mål med räntereglering är att uppnå samhällsekonomisk jämvikt, så att BNP med aktuell sysselsättning skall vara i paritet med potentiell BNP och full sysselsättning. Räntan ("räntevapnet") skall återställa balansen i samhällsekonomin. Om nationens befolkning är tio miljoner och antal sysselsatta är fem miljoner så är produktion per sysselsatt dubbelt så stor som konsumtion per invånare. Räntan påverkar privat konsumtion, bruttoinvestering och nettoexport medan offentlig konsumtion påverkas av nationens finanseringsförmåga samt avgifts- och skattenivå.

I takt med högre skuldsättning i världen så har neutral jämviktsränta (rp) minskat. Neutral ränta varken stimulerar eller åtstramar ekonomin, ekonomin är i jämvikt, BNP = potentiell BNP, SCB:s arbetslöshet = konjunkturinstitutets skattade jämviktsarbetslöshet, inflation = riksbankens inflationsmål. Ökat sparandet (S) i relation till minskad investering (I), indikerar minskad räntenivå (r). Minskat S i relation till ökad I, indikerar ökad räntenivå. Ömsesidigt beroende, räntenivån påverkar S och I, alternativt S och I påverkar räntenivån. Investering i realkapital är beroende av räntenivå, I = I0 + a · BNP − r · realkapital, r påverkar I och inte tvärtom.

Nationens realkapital (K) används i många funktioner:

1. Produktionsfunktion, $Q = A \cdot (K/PP)^a \cdot N^{(1-a)} = MN \cdot N + MK \cdot K/PP$
2. BNP- och värdefunktion, $BNP = P \cdot (MN \cdot N + MK \cdot K/PP)$
3. $BNP = W \cdot N + R \cdot K$
4. Räntefunktion, $r = (ke \cdot AE - PU)/(H + K)$
5. Investeringsfunktion, $I = (d + gp + rp - r) \cdot K + a \cdot (Y - YP)$

K är produktionsfaktor i produktionsfunktion, K är avkastningsfaktor i räntefunktion $r \cdot (H + K) = ke \cdot AE - PU = PE - PU = PD$. Bruttokapitalavkastning $(R) = d + gp + rp - r$. Om $r = rp$ och $Y = YP$ blir $I = (d + gp) \cdot K$ och $\Delta K \% = gp$.

I akademiska läroböcker nationellt och internationellt, dominerar efterfrågebestämd BNP i relation till utbudsbestämd BNP. Efterfrågan är viktigare än utbud, efterfrågan styr utbud, och inte tvärtom. Om nationens medborgare handlar för pengar från arbetslön (sysselsatt) eller bidrag (inte sysselsatt) är egalt. Butikskedjor, varuhus, köpcentra och detaljhandel som säljer daglig varor, sällanköp varor och kapitalvaror, föredrar att en så stor kundbas som möjligt har köpkraft. Efterfrågebestämd BNP är summan av fyra efterfrågestorheter; nettoexport, bruttoinvestering, privat och offentlig konsumtion.

Om privat konsumtion minskar varje år under politisk mandatperiod på fyra år, så ökar sannolikheten att sittande regeringskoalition får lämna plats till en ny regeringskoalition. Myndigheter, media och politiker påverkar genom verbal kommunikation bilden av nationens privata konsumtion till allmänheten.

Samband BNP (Y), inflation (p) och arbetslöshet (u). Sysselsättning = arbetskraft $(AK) \cdot (1 - u)$. Prisnivå = prisnivå årets början $(P0) \cdot (1 + p)$. Produktivitet och produktion per sysselsatt (qN). $BNP = P0 \cdot (1 + p) \cdot AK \cdot (1 - u) \cdot qN = P \cdot N \cdot qN = P \cdot Q$. Tredimensionellt diagram med Y, p och u, visas på nästa sida.

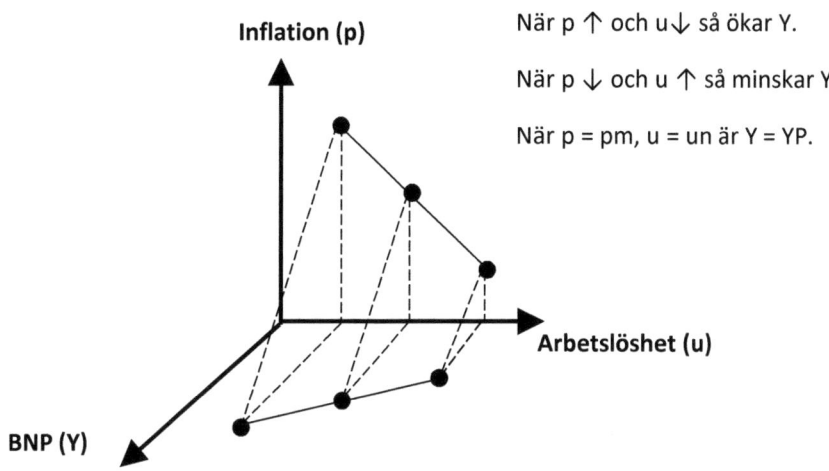

Inflation (p)

När p ↑ och u↓ så ökar Y.

När p ↓ och u ↑ så minskar Y.

När p = pm, u = un är Y = YP.

Arbetslöshet (u)

BNP (Y)

- Högkonjunktur p = 3 %, u = 4 %, Y/YP = 103 %, tillväxt (g) = 6,32 %.
- Normal konjunktur p = 2 %, u = 7 %, Y/YP = 100 %, g = 3,00 %.
- Lågkonjunktur p = 1 %, u = 10 %, Y/YP = 97 %, g = -0,32 %.

BNP-tillväxt (g) = inflation (p) + sysselsättningstillväxt (n) + produktivitetstillväxt (ΔqN %). Förädlingsvärde per sysselsatt (F) = P · qN, Y = F · N och YP = F · NP. Om g = 3 % och p = inflationsmål (pm) 2 % är real BNP-tillväxt = 1 % = sysselsättnings- och produktivitetstillväxt. Om g = 2 % och p = pm = 2 % är real BNP-tillväxt = 0 %. Hur kommer, förlängd grundskola från nio till tio år, förkortad arbetsvecka från 40 till 35 timmar, ökad invandring i kombination med stora pensionsavgångar från framför allt ursprunglig svensk befolkning, påverka sysselsättning, arbetslöshet och nationens ekonomiska aktivitetsnivå och BNP de närmaste decennierna?

Samband mellan sparkvot (s) och realkapitalets BNP-andel (a). Investering (I) = s · BNP (Y), a = bruttoavkastning (R) · realkapital (K)/Y. Optimal sparkvot per sysselsatt är lika med optimal sparkvot per nation. BNP per sysselsatt (y = Y/N) = P · A/PP^a · (K/N)^a och N = 1 ger y = P · A/PP^a · k^a, kapitalintensitet (k) = K/N. För att underlätta härledning, påverkar inte beräkning av optimalt resultat, låt A = P = PP = 1, då blir y = k^a. Investering per sysselsatt = s · y = (d + gp) · k och k = [s/(d + gp)]$^{[1/(1-a)]}$. Konsumtion per sysselsatt (c = C/N) = (1 − s) · y = (1 − s) · k^a = (1 − s) · [s/(d + gp)]$^{[a/(1-a)]}$. När s = 0 och s = 1 är c = 0, när s = a är c optimal. När sparkvot och realkapitalets BNP-andel är lika stora, är konsumtion per sysselsatt och per nation optimal. På nationell nivå, om I = (d + gp) · K = s · Y, så är sparkvot (s) = (d + gp) · K/Y, och per sysselsatt är s = (d + gp) · k/y.

I dynamiska matematiska tillväxtmodeller på lång sikt, med värde- och produktionsfunktioner, prisnivå (P) är marknadsbestämd och total faktorproduktivitet (A) är exogent given, så används potentiell BNP (YP) och inte BNP (Y). Nominell potentiell BNP-tillväxt (gp) = neutral långsiktig jämviktsränta (rp), deprecieringstakt (d) = realkapitalets förslitningstakt per år. Derivering, dy/dk = bruttoavkastning (R) = d + gp = a · k^a/k, y = k^a och a = (d + gp) · k/y, vilket är realkapital per sysselsatts BNP-andel (a). Om nominell ränta före skatt är 2,86 %, så är nettoränta efter skatt 2 %, nettoränta 2 % är lika med riksbankens inflationsmål. Bedömning, neutral ränta 2,50 % motsvarar nettoränta 1,75 %, kompenserar inte för inflation på 2 %. Om riksbankens inflationsmått (KPIF) = 2 % är verklig inflation och köpkraftsminskning betydligt högre per år. Inflation är dold beskattning av sparmedel, då köpkraften minskar.

Partiell- och total derivering. BNP = P · (MN · N + MK · KP). Inom matematikens flervariabelanalys förekommer både partiell- och total derivering. En partiell derivata är en derivata som bara räknas ut med avseende på en av funktionens flera variabler. Partiell derivering ∂Y/∂N = P · MN = bruttolönekostnad per sysselsatt (W). Partiell derivering ∂Y/∂KP = P · MK = bruttoavkastning per realkapitalenhet (R). Total derivering av BNP, dY/dt = ΔY = ∂Y/∂N · ΔN + ∂Y/∂KP · ΔKP = W · ΔN + R · ΔKP. Produktion (Q) = MN · N + MK · KP. Total derivering av Q, dQ/dt = ΔQ = ∂Q/∂N · ΔN + ∂Q/∂KP · ΔKP = MN · ΔN + MK · ΔKP.

Optimeringsvillkor, värdet av sysselsättningens marginalprodukt = $\partial Y/\partial N$ = P · MN = W, värdet av realkapitalenhetens marginalprodukt = $\partial Y/\partial KP$ = P · MK = R. Sysselsättningens genomsnittsprodukt (qN) = Q/N och sysselsättningens marginalprodukt = (1–a) · qN, sysselsättningens produktionsandel av total produktion är (1-a). Realkapitalets genomsnittsprodukt (qK) = Q/KP och realkapitalets marginalprodukt = a · qK, realkapitalets produktionsandel av total produktion är a. Om bruttolönekostnad (W) är förutbestämd given på arbetsmarknad och prisnivå (P) är förutbestämd given på varu- och tjänstemarknad, så bestämmer sysselsättning (N) och realkapitalstock (KP) optimal produktion (Q) och optimalt värde (BNP).

Spar- och investeringskvot = investering/BNP skall statistiskt och genomsnittligt på lång sikt, ha en kvot som ligger nära realkapitalets produktions- och BNP-andel = a, enligt matematiskt optimeringsvillkor. Om I = a · Y = (d + gp) · K så är a = (d + gp) · K/Y, det betyder att tillväxt för K och Y är gp, ΔK % = ΔY % = gp (potentiell nominell BNP-tillväxt). Utbuds- och produktionsanalys bygger på matematiska optimeringsvillkor, medan efterfråge- och konsumtionsanalys bygger på statistiska jämviktsvillkor.

Att integrera ovanstående matematiska samband och resonemang med AE = C + I + G + NX, är svårt med algebraisk metod, numerisk metod går genom upprepade datorberäkningar, dock är det relativt enkelt att integrera AE och potentiell BNP. När gap uppstår mellan AE och YP så används återkopplingsregler mellan perioder (automatiska stabilisatorer) för att utjämna gap mellan AE och YP, när AE = YP gäller samhällsekonomisk jämvikt som är idealt önskat tillstånd för nationens ekonomi. Potentiell BNP är funktion av riksbankens inflationsmål och konjunkturinstitutets skattade jämviktsarbetslöshet, YP = P0 · (1 + pm) · AK · (1 – un) · qNP = PP · NP · qNP = PP · QP. Jämviktsprisnivå (PP), full sysselsättning (NP), jämviktsproduktion eller full produktion (QP), statistiskt skattad produktivitet vid full sysselsättning (qNP).

SCB primärt samband AE = C + I + G + NX prioriteras och är i fokus, sekundära samband BNP = W · N + R · K = P · (MN · N + MK · KP) = P · Q = PU · V, är stödsamband som kan användas för analys ex post och prognos ex ante. Ränta, skatt och offentliga utgifter är integrerade i efterfrågesamband, men inte alltid i utbudssamband. Ett sätt att integrera AE och BNP är genom prisnivå (P), AE = A + B/P och BNP = YP + E · (P – PP). AE = BNP och A + B/P = YP + E · (P – PP) har en andragradslösning, när P = PP är AE = BNP, BNP = YP och sysselsättning = full sysselsättning. I en tredimensionell projektion och rumsbeskrivning, inflation på Y-axel, arbetslöshet på X-axel, BNP på Z-axel, får man en bra sammanfattande bild av nationens ekonomi.

Makroekonomiska nyckeltalen inflation, arbetslöshet och BNP med nivå och tillväxt, är de viktigaste nyckeltalen i matematisk makroekonomisk teori. BNP är funktion av inflation (prisnivå), arbetslöshet (sysselsättning) och produktivitet (produktion per sysselsatt). Produktivitet är statistiskt skattad restpost, är relativt osäkert värde, kan beräknas i efterhand när värden på BNP, arbetslöshet och inflation finns eller är beräknade.

En nations infrastruktur påverkar nationens ekonomi, konkurrenskraft, tillväxt, sysselsättning och inflation. God infrastruktur, vägar, järnvägar, hamnar, kommunikationsnätverk, underlättar handel och transport, vilket främjar ekonomisk tillväxt. Effektiva transportnätverk minskar kostnader för företag och ökar produktiviteten. Byggandet och underhållet av infrastruktur skapar arbetstillfällen, som leder till ökad sysselsättning och högre inkomster för hushållen, vilket stimulerar konsumtionen och ekonomin. Infrastrukturinvesteringar kan påverka inflationen på flera sätt.

På kort sikt kan stora investeringar i infrastruktur leda till ökad efterfrågan på arbetskraft och material, vilket kan driva upp löner och priser. På lång sikt kan förbättrad infrastruktur öka produktiviteten och effektiviteten i ekonomin, vilket kan bidra till att hålla inflationen låg. Länder med välutvecklad modern infrastruktur är ofta mer konkurrenskraftiga på den globala internationella marknaden. Detta kan leda till ökad export och starkare ekonomi. Effektiv infrastruktur minskar produktions-, transport- och logistikkostnader för företag, vilket kan leda till lägre priser för konsumenter. Infrastruktur, distributions-, försörjnings- och logistikkedjor, konsumtions- och detaljhandelns konkurrensgrad, påverkar direkt och indirekt inflationen.

Från idag till drygt tjugo år i framtiden, efter utfasning av fossila bränslen, så bedöms att nationens elbehov per år kommer att ha mer än fördubblats. Investering under kommande decennier i infrastruktur, ny kärnkraft och energiteknik, fossilfri industri- och transportsektor (grön omställning) där stat, regioner, kommuner och privata företag ingår gemensamt i olika samarbetskoalitioner och allianser, kommer kräva oerhört mycket kapital, skatter och avgifter. På marknadsbaserat grundpris, tillkommer extra avgifter för att finansiera utveckling och modernisering av infrastruktur, därefter energiskatt och slutligen mervärdeskatt (moms), trippelbeskattning och trippelavgift. Från producent, grossist, detaljist till konsumtion och konsumentprisindex (KPI), KPI mäter prisökningstakt och inflation på en av SCB definierad och utvald konsumtionskorg med varor och tjänster.

KPI är det sista ledet i en producent-, distributions- och konsumtionskedja. Infrastruktur är första ledet i nationens alla försörjnings- och distributionskedjor. Infrastruktur-, klimat- och miljöavgifter, energiskatt, mervärdeskatt, övriga skatter och avgifter finansierar inte bara stat, regioner, kommuner och privata företags projekt och verksamhet utan även deras löner och förmåner. Narrativet, beskrivningen och framtidsskildringen om krav på energi-, klimat- och miljöomställning kommer att kräva oerhört stora satsningar, vilket liknar en nations brandskattning som påtryckningsmedel för att beskatta nationens invånare.

De kommande decennierna är upptakt till en omfattande samhällsomdaning. Tidigare ECB chefen Mario Draghi säger att EU måste investera minst 800 miljarder euro per år (cirka 9 200 mdkr per år) i ny infrastruktur och ren energi. Från infrastruktur till lokal butik och konsument, samt hur konsumenter märker av inflation och butikprisökningar. Anta genomsnittlig procentuell fördelning per år, dagligvaror 85 %, sällanköpsvaror 10 % och kapitalvaror resterande 5 %. Om prisökningstakt per år för dagligvaror är 6 %, sällanköpsvaror 4 %, kapitalvaror 2 %, blir genomsnittlig sammanvägd KPI-inflation för dessa tre kategorier av varor = 0,85 · 0,06 + 0,10 · 0,04 + 0,05 · 0,02 = 5,60 %.

KPI-inflation som den mäts av SCB, är inte i överkant utan i underkant beträffande relation till verklig prisökningstakt per år, från nationell infrastruktur till ortens lokala butik och konsument. Politiska val av resursallokering och framtida nationella investeringsprojekt kommer påverka nationens ekonomi, tillväxt, sysselsättning och inflation. Med förändring av skatte-, bidrags-, ränte- och offentliga utgiftsnivåer kan en nations konjunktur på kort sikt justeras i relation till potentiell BNP, men det är infrastruktur, organisation, ledarskap, teknologi, utbildning och kompetens som påverkar nationens strukturella och reala ekonomi på lång sikt. Alltsedan riksbanken blev självständig 1 januari 1999 har åsikter och debatter om ränta, inflation och hushållskonsumtion dominerat stort i press och media.

Simon Kuznets (1901-1985) anses vara en av de viktigaste personerna bakom utvecklingen av det moderna BNP-begreppet. Hans arbete med att analysera USA:s nationalinkomst och utveckla metoder för att beräkna ett lands inkomst och dess förändringar, ledde till standardiseringen av BNP. Kuznets belönades med Sveriges Riksbanks pris i ekonomisk vetenskap till Alfred Nobels minne 1971 för sina bidrag till nationalekonomin. Den första teorin om samband mellan BNP, tillväxt och inkomstfördelning presenterades 1955 av Kuznets. Han postulerade att inkomstskillnader ökar initialt när ett land utvecklas och industrialiseras, växlar från lågproduktiv till högproduktiv verksamhet, som i diagramform ger upphov till en Kuznets kurva (uppåtgående parabel). Sambandet gäller inom ett land men även mellan utvecklings- och industriländer. Från jordbruksnation med låg kapitalintensitet till industrination med hög kapitalintensitet, industrilön och industriproduktivitet är högre än jordbrukslön och jordbruksproduktivitet. När industrisektorns andel ökar och jordbrukssektorns andel minskar, så ökar landets BNP.

Ojämlikhetsinkomstindex (OI) = industrins inkomstandel – industrins sysselsättningsandel. $OI = n \cdot L2/[n \cdot L2 + (N-n) \cdot L1] - n/N$, antal industriarbetare (n), sysselsättning (N), industri- och jordbrukslön per sysselsatt (L2 och L1). Maximal (inte optimal) $OI = -N \cdot L1/(L2-L1) + $ roten ur $[N^2 \cdot L1/(L2-L1) + [N \cdot L1/(L2-L1)]^2]$. I ett land med jordbruks-, industri-, privat- och offentlig tjänstesektor så beräknas nationens OI som arean mellan en triangels area och arean under en Lorenz kurva i relation till triangelns area. Integralberäkning kan användas för att beräkna en nations OI. Krav på utbildningsnivå och yrkeserfarenhet per näringssektor påverkar nationens inkomstskillnader. Arbetsmarknaden är inte homogen utan differentierad. Svenska kvinnor och män har hög förvärvsfrekvens. Med stora migrations- och folkförflyttningar i världen, blir länders arbetsmarknader mera internationella och differentierade. Det är inte bara storleken på arbetskraften utan storleken på kvalificerad arbetskraft som avgör nationers sysselsättnings- och arbetslöshetsnivåer. Trettioårs ekonomisk expansiv tillväxt från andra världskrigets slut 1945, efterföljdes av avtagande tillväxttakt.

Samhällsvetenskapliga forskare under 1970-talet angående industri- och utvecklingsländer: Teorier om arbetslöshet och undersysselsättning i industriländer är baserad på antaganden om attityder och institutionella förhållanden som är orealistiska när det gäller utvecklingsländer. I industriländer är socialpolitiken sådan, att man kan bortse från att människors konsumtion kan bli så knapp att det inverkar negativt på deras arbetsförmåga, vilket inte kan göras i utvecklingsländer. Antagandet att verkningarna av industrialisering inom en sektor av ekonomin sprider sig hastigt till andra sektorer kan vara realistiskt för industriländer, men för utvecklingsländer där levnadsstandarden är lägre och kulturen är av annan beskaffenhet, är det orealistiskt. Den makroekonomiska teorin är baserad på förutsättningen att resurserna är lättrörliga, och den passar därför inte in på utvecklingsländer, där denna lättrörlighet saknas. Ekonomisk politik inom industriländer är beroende av tillförlitlig statistik, men statistiken för utvecklingsländer är i stor utsträckning missvisande, delvis på grund av att den har anpassats efter en för dessa länder olämplig makroekonomisk teori.

Nordamerika, Västeuropa och Norden med stor invandring från andra länder och kulturer med andra livsåskådningar och värderingar, innebär en alltmer internationaliserad, differentierad och fragmenterad arbetsmarknad, vilket kommer att påverka dessa världsområden och länders sysselsättning, produktion, tillväxt och inflation. En väl fungerande arbetsmarknad med hög sysselsättningsnivå är den viktigaste förutsättningen och grunden till en nations välstånd och välfärd.

Alla producerar inte, men alla konsumerar. En nations BNP påverkas av medborgarnas efterfråga och konsumtion. Desto större efterfrågan och konsumtion, desto större produktion, sysselsättning och BNP. Med införande av basinkomst och medborgarlön skapas köpkraft per hushåll, vilket ökar efterfrågan, konsumtion och BNP.

Prestation och motprestation, varu- och penningutbyte, med ökad varu- och penningutbyte ökar nationens BNP. BNP:s tillväxt består av pris-, sysselsättnings- och produktivitetstillväxt. Om pristillväxt (inflation) är 3 %, BNP-tillväxt är 2 %, då är sysselsättnings- och produktivitetstillväxt – 1 %. Med negativ sysselsättningstillväxt, ökar arbetslöshet och bidragstransfereringar i samhället. Med ökade inkomst- och förmögenhetsskillnader i samhället, ökar sannolikheten för ett splittrat samhälle, ökade sociala spänningar, utslagning, oroligheter, kriminalitet, lägenhetsinbrott, demonstrationer och strejker, gatuvåld, rån, med mera.

Om teknologi- och teknikutvecklingen ökar, så ökar utbytes- och investeringstakten i samhället då nytt realkapital ersätter gammalt realkapital. Med ökad användning av realkapital, modern teknik och mekanisk automatisering så ökar risken att sysselsättningen minskar och arbetslösheten ökar i samhället. Framtidsspaning kommande fem politiska mandatperioder, en tidshorisont på tjugo år. Stor inflyttning från omvärlden till Sverige, ökad elanvändning och elbehov kräver lösningar för elproduktion och infrastruktur, offentlig sektor expanderar och därmed även finansiering med avgifter och skatter, offentlig sektor och privata storbolag samarbetar kring grön omställning i samhället där gränsen mellan offentlig och privat sektor alltmer suddas bort och finansiering av gemensamma projekt sker med kapital från allmänhetens pensionsfonder, fler företag och underentreprenörer blir beroende av offentlig sektor, med heterogen arbetsmarknad blir arbetsmatchning svårare, tillsättning av nya arbeten inom privat sektor försvåras, arbetsrelaterad försörjningskvot ökar i samhället, summan av antalet personer utan sysselsättning i relation till antal personer i arbetsför ålder ökar.

Styrning av en nations samhällsekonomi är en balansakt som skall förhindra upplösning, splittring och kaos i samhället. Det är viktigt att kunna utläsa trender och konsekvenser på lång sikt så att man kan agera rationellt och klokt på kort sikt. Övning ger förhoppningsvis insikt, och djupare och bredare förståelse hur en nations samhällsekonomi fungerar i smått och stort, på kort och lång sikt. Med modeller, scenarier och simuleringar kan samhällsplanerare öva och träna inför framtida utmaningar, beslut och ge förslag på lämpliga åtgärder. Makroekonomiska teorier använder algebraiska metoder och redovisningsidentiteter för att förstå och modellera ekonomiska aktiviteter, vilket hjälper till att förenkla komplexa ekonomiska fenomen till hanterbara ekvationer. Det handlar om att bryta ner ekonomin i mätbara komponenter som BNP, konsumtion, investeringar, och att förstå deras relationer. Y − T + T − D + D = C + G + I + NX kan omskrivas till (PFS = Y − T - D − C − (I − D)) + (OFS = T − G) = NFS = NX, är identiskt med ΔH + ΔOS = NX, och ΔK = I - D. Nationens finansiella sparande = privat- och offentligt finansiellt sparande = nettoexport, nettoinvestering och realkapitaltillväxt (ΔK) = bruttoinvestering − depreciering. Utgående realkapital = ingående realkapital + ΔK. Utgående finansiellt kapital = ingående finansiellt kapital + ΔH. Utgående offentlig skuld = ingående offentlig skuld - ΔOS. Förändring av finansiellt kapital (PFS = ΔH). Förändring av offentlig skuld (OFS = ΔOS).

Från algebraiska samband som verifieras av statistiska data, så konstrueras teoretiska funktioner för konsumtion, bruttoinvestering, import, BNP, skatt och räntenivå. I en modell för att simulera två politiska mandatperioder på åtta år, används flödes- och beståndssamband och återkopplingsregler som utjämnar gap mellan beräknade storheter och statistiska trend- och referensstorheter. Detta är exempel på dynamisk jämviktsmodell där utjämning sker mellan tidsperioder, och inte direkt inom en period.

Den 1 januari 2007 infördes jobbskatteavdrag som är en skattereduktion för arbetsinkomster. Jobb skatteavdrag, lönebildning och svensk internationell konkurrensförmåga. På individnivå innebär jobbskatteavdrag mer pengar till alla som jobbar och är sysselsatta. På nationell nivå kan jobbskatteavdrag minska fackföreningars löneökningskrav, ökar bruttolöner så ökar arbetsgivarnas sociala avgifter vilket ökar lönekostnad per sysselsatt vilket påverkar svensk konkurrensförmåga och exportpriser. Bruttomånadslön 30 000 kr, lönepåslag 4 %, skatt 30 %, nettolön 21 840 kr. Bruttomånadslön 30 000 kr, jobbskatteavdrag 2,80 %, skatt 30 %, nettolön 21 840 kr. Jobbskatteavdrag ger inte bara mer pengar till de som jobbar, utan kan även stärka svensk internationell konkurrensförmåga, dock kan pension påverkas negativt vid utebliven bruttolöneökning. Jobbskatteavdrag har en förklaring och effekt på individnivå på kort sikt och en annan på nationell nivå på lång sikt. Politisk mandatperiod på fyra år, arbetslivslängd 40-50 år, innebär att jobbskatteavdrag på kort sikt tjänar relativt mer politikers syfte och mål, bibehålla hög sysselsättningsnivå under innevarande mandatperiod, i relation till arbetstagarnas syfte och mål. Hushållskonsumtion och sysselsättning är prioriterade faktorer som kan påverka kommande politiska riksdagsval. Viktigt nyckeltal för att mäta relativ internationell konkurrensförmåga är enhetsarbetskostnad = lönekostnad per timme/produktivitet per timme = lönekostnad per sysselsatt/produktivitet per sysselsatt.

8:3 Invändning mot akademisk makroekonomisk teori

Statistik och matematik bildar gemensam grund och utgångspunkt för att formulera en sammanhängande logisk teori, som används av politiker för att kommunicera via media till allmänheten. Akademisk makroekonomisk teori kan liknas vid ett språk med egen påhittad terminologi och jargong som används av politiker, myndigheter, journalister, akademiker och representanter för storbanker och stora börsbolag, dels för intern kommunikation med varandra och dels vid extern kommunikation riktad mot allmänheten. Inom media riktad mot allmänheten dominerar statistik över akademisk makroekonomisk teori, statistik drygt 99 procent och teori knappt 1 procent.

Allmänheten har lågt intresse, låg tilltro och låg kunskap i akademisk makroekonomisk teori. Allmänheten anser teorin vara verklighetsfrämmande, abstrakt, inte konkret och inte praktisk. August Strindberg på frågan vad är ekonomi: - En vetenskap uppfunnen av överklassen för att komma åt frukten av underklassens arbete. Mark Twain, lögn, förbannad lögn och statistik är en bevingad fras som beskriver användning av statistik, inte sällan felaktig eller överdriven, för att stärka svaga argument. Frasen används ofta för att visa på osäkerheten och manipulationsmöjligheter som finns inneboende inom det statistiska området. Storleken på gapet mellan BNP och potentiell BNP påverkar storlek på inflations- och arbetslöshetsgap. Summan av fyra efterfrågestorheter är nationens aggregerade efterfrågan och BNP, BNP-utbudet antas omedelbart anpassas till storleken på nationens aggregerade efterfrågan. Ränte-, skatte-, utgifts- och bidragsnivåer bestäms av politiker och myndigheter med intertemporala återkopplingsregler som påverkas av BNP-gap, inflations- och arbetslöshetsgap samt offentlig sektors budgetgap. Med några få utvalda flödes och beståndsfunktioner (kapitalackumulationssamband), gapsamband och återkopplingsregler som reglerar nivåer mellan perioder, så sammanställs ekvationssystem för att simulera och beräkna olika scenarier med olika grad av sannolikhet på vad som kan hända och påverka en nations samhällsekonomi över två politiska mandatperioder på åtta år.

Debatter och diskussioner om nationens genomsnittliga räntenivå får mycket stort utrymme och stor publicitet inom media, där retoriska färdigheter dominerar över makroekonomiska färdigheter. Redan i antika Grekland cirka 400 år före Kristus fördes politiska och retoriska diskussioner mellan filosofer och sofister. En sofist är en person som använder spetsfundigt resonemang, det vill säga en framställning, som vilseleder genom spetsfundiga distinktioner och bedrägliga ordvrängningar, intet nytt sker under solen. Ett synonymt ersättningsord för makroekonomi är politisk ekonomi. Makroekonomi används av politiker, myndigheter, media och maktpersoner som ett kommunikationsmedel och språk för att påverka, manipulera och förmedla ekonomiska uppfattningar till allmänheten. Psykologisk manipulation avser antisociala beteenden med målsättningen att förändra tankeprocesserna och beteendet hos andra genom dolda eller bedrägliga metoder, för att påverka andra människors vilja och perspektiv utan att de nödvändigtvis förstår vad som egentligen hänt förrän det är för sent. I Sverige har vi ett konjunkturinstitut som skattar konjunkturlägen, men inget strukturinstitut som analyserar och bedömer förutsättningar för nationens reala ekonomiska potential.

Hushålls- och bidragsfinansierad privat konsumtion (C) och skattefinansierad kollektiv konsumtion (G) i relation till aggregerad efterfråga (AE) är drygt 70 %, bruttoinvestering (I) och nettoexport (NX) i relation till AE är knappt 30 %, AE = (C + G) + (I + NX). Bank- och eget kapital finansierar finansiellt sparkapital (H) och realkapital (K). SBAB är statligt ägd bank. De flesta banker och därmed bank- och eget kapital (E) ägs av hushållssektor. E = H + K, E fordrar avkastning, H och K ger avkastning. E finansierar konsumtion och investering, avkastning och ränta på H och K kapitaliserar och påverkar bank- och eget kapital (E).

Många pensionärers konsumtion finansieras med pension och sparat finansiellt kapital, finansiellt kapitaluttag för konsumtion (h). Makroekonomisk teori använder generella mått, även om pensionärers kapitaluttag är mycket större än sysselsattas kapitaluttag, så används gemensamt mått på kapitaluttag för konsumtion (h). Finansiering och kapitalisering, investering förväntas ge avkastning och finansieras med bank- och eget kapital, som i slutet av året kapitaliseras med årets avkastning (kapitaltillväxt) och ränta. BNP aktuellt år = BNP föregående år · (1 + tillväxt %). Bank- och eget kapital aktuellt år = bank- och eget kapital föregående år · (1 + ränta %). BNP är flödesstorhet, bank- och eget kapital är beståndsstorhet. Flödesstorheters värden startar från noll varje nytt år, beståndsstorheter har ingångsvärden vid årets början som påverkas av flödesstorheter under året till beräknade utgångsvärden vid årets slut.

Låg förväntad ränta och avkastning indikerar låg förväntad tillväxt och sysselsättning. Hög förväntad ränta och avkastning indikerar hög förväntad tillväxt och sysselsättning. Relation (C + G)/AE är statistiskt approximativt lika med arbetsinkomst (W · N)/produktionsinkomst (BNP), relation (I + NX)/AE är statistiskt approximativt lika med kapitalinkomst (R · K)/BNP. Nu- och framtidsdatum (ND och FD). Pekuniär (monetär) ränta = procentuell ränta · (ND − FD)/365 dagar · kapital. Pekuniär tillväxt = procentuell tillväxt · (ND − FD)/365 dagar · BNP föregående år. Om ND = 1 jan och FD = 31 mars, blir ND − FD = 90 dagar och 91 dagar vid skottår. Förväntningar och framtidsprognoser kan uttryckas i sannolikhetstal, som beräknas med matematiska metoder som relaterar till tidigare statistik. Mycket inom makroekonomi är myndighetsstyrt, där framtida förväntningar är givna i riksdagens och regeringens budgetpropositioner, och riksbankens inflations- och ränteprognoser som visar styrräntans förmodade utveckling. Marknader är myndighetsreglerade, och blir i viss mån förutbestämda.

Parametrar som konsumtions- och investeringsbenägenhet kan vara approximativt konstanta på kort sikt, men kan variera på lång sikt. Storleken på konsumtions- och investeringsbenägenhet påverkar konsumtion, investering och multiplikatoreffekt. Konsumtions- och investeringskvot (C/Y och I/Y) kan användas för att skatta konsumtions- och investeringsbenägenhet. Konsumtionsbehov kan relateras till Abraham Maslows hierarkiska behovstrappa, med grundläggande behov längst ner och behovet av självförverkligande högst upp. Infrastrukturinflation är första ledets inflation, konsumtionsprisindex (KPI) och konsumtionsinflation är sista ledets inflation. Infrastruktur kan liknas vid ett hjuls nav, KPI är en eker på hjulet, ett välbalanserat hjul har goda förutsättningar till hög omloppshastighet och rörelsetillväxt.

Riksbankens inflationsmål 2 % per år, motsvarar inflation 0,0054 % per dag (0,54 räntepunkter), $(1 + 0,54/10\ 000)^{365} - 1 = 2\ \%$. Nominell BNP-tillväxt 3 % per år, motsvarar BNP-tillväxt 0,0081 % per dag (0,81 räntepunkter), $(1 + 0,81/10\ 000)^{365} - 1 = 3\ \%$. Procentuell årsränta 3 % motsvarar procentuell dagsränta 0,0081 %. Räntan beskrivs ofta inom akademisk makroekonomisk teori som en dämpande faktor, högre räntenivå indikerar lägre konsumtions- och investeringsnivå, och därmed även lägre produktions- och sysselsättningsnivå. Ränta påverkar avkastning på finansiellt kapital och realkapital som finansieras med bank- och eget kapital.

BNP-nivå är produkten av prisnivå, sysselsättningsnivå och produktivitetsnivå. BNP-tillväxt är summan av pristillväxt (inflation), sysselsättnings- och produktivitetstillväxt. Produktivitetsnivå och produktivitetstillväxt påverkas av nationens infrastruktur, utbildnings- och kunskapsnivå, organisations-, innovations-, samarbetsförmåga, sociala institutioner, kultur med mera. Makroekonomisk matematisk teori är inte bara mycket beroende av statistik, utan är och kommer att bli mycket beroende av demografi de kommande decennierna, vilket även blir en utmaning för skolämnet och samhällslivet.

Penning-/kreditefterfrågan är normalt större än penning-/kreditutbud (penning-mängd). Kreditutbud uppstår med kreditefterfrågan. När en kund med kreditefter-frågan (kreditbehov) besöker en bank, skapar banken automatiskt kreditutbud som matchar kundens kreditefterfrågan, bankkreditpengar skapas. Riksbanken central-bankspengar är mynt och sedlar. Kort inlåning och lång utlåning, skapar finansie-rings- och likviditetsproblem för banker, ökar räntedifferens och räntemarginal mel-lan in- och utlåningsräntor. Finansinspektionen och riksbanken har i uppdrag och skall arbeta för finansiell stabilitet och främja likviditetsförsörjningen i ekonomin.

Leder ökat finansiellt sparande till ledigt resursutrymme i samhället, som underlättar lånefinansiering av investering till lägre räntenivå och till att anställa personal för tillverkning av investeringsvaror. Om $S(r) > I(r)$, räntesänkning med tidsfördröjd ef-fekt $S \downarrow$ och $I \uparrow$, $\rightarrow S(r) = I(r)$. Resonemang enligt lånemedelsteori, räntenivån av-speglar relation mellan sparande (S) och investering (I) på kreditmarknaden.

Det brukar sägas att byggsektorn är en generator för att skapa arbete, en byggnads-arbetare ger arbete till fem andra. Bostadssubvention (stat, region, kommun), bygg-produktion, bygghandel, bostadsområde, bank, banklån till hushåll. Efterfrågeeko-nomers fokus är kort sikt (mandatperiod 4 år) och konjunktur, utbudsekonomers fo-kus är lång sikt och struktur.

För att realkapital (K) skall växa i samma takt som BNP (Y), investering (I) = ersätt-ningsinvestering $(d \cdot K)$ + nyinvestering $(g \cdot K)$, deprecieringstakt (d), nominell BNP-tillväxt (g), $\Delta Y \% = \Delta K \% = g$.

Kommer akademisk makroekonomisk teori i framtiden ersättas av statistik, där AI-programmerade datoralgoritmer i kombination med omfattande statistiska databa-ser, analyserar och prognostiserar nationens ekonomi. Dock kommer akademisk makroekonomisk teori inte att försvinna som språk och terminologi för politiker och myndigheter i deras kommunikation och politiska retorik riktat mot allmänheten.

© 2024 Roland Karlin
Förlag: BoD · Books on Demand, Stockholm, Sverige
Tryck: Libri Plureos GmbH, Hamburg, Tyskland
ISBN: 978-91-8080-724-1